史说大愚禅寺

滕建明 著

西泠印社出版社

图书在版编目（CIP）数据

史说大愚禅寺 / 滕建明著. ——杭州：西泠印社出版社，2017.8
ISBN 978-7-5508-2124-8

Ⅰ.①史… Ⅱ.①滕… Ⅲ.①佛教－寺庙－史料－高安 Ⅳ.①K947.256.4

中国版本图书馆CIP数据核字(2017)第180473号

史说大愚禅寺

滕建明 著

出 品 人	江　吟
责任编辑	周小霞
责任出版	李　兵
责任校对	刘玉立
装帧设计	王　欣
出版发行	西泠印社出版社
地　　址	杭州市西湖文化广场32号E区5楼
邮　　编	310014
电　　话	0571—87243079
经　　销	全国新华书店
印　　刷	浙江省邮电印刷股份有限公司
制　　版	杭州如一图文制作有限公司
开　　本	787mm×1092mm　1/16
印　　张	9.75
印　　数	0001-3000
书　　号	ISBN 978-7-5508-2124-8
版　　次	2017年8月第1版　第1次印刷
定　　价	45.00元

图一　中国佛教协会会长学诚法师为大愚禅寺题石牌坊匾额"临济天下"

图二　大愚禅寺山门

图三　大愚禅师塔

图四　大愚禅寺大雄宝殿

序

到江西省高安市常年坚守，并且对当地禅宗文化发生兴趣，也是一种机缘巧合。有关禅宗发展的叙述，一般都会提及临济宗祖师义玄开悟的细节：义玄开初在洪州高安县黄檗山（今属江西省宜丰县境）希运禅师那里参禅，先后三次向希运禅师发问"如何是佛法大意"，三次遭希运禅师棒打。经希运禅师指点，前往高安真如寺参拜大愚禅师。经大愚禅师巧妙指点，义玄乃得开悟，回到黄檗山，最终得到希运禅师印可。这段叙述通常篇幅不大，读后给予特别关注的不多。

但置身高安一地，且长期驻守以后，这个小小的记载在我的视线内很快膨胀起来。临济宗是禅宗发展过程中延续时间最长、影响地域最广、信徒人数最多的宗门，其祖师义玄的开悟启程，原来就在脚下这块不大的地方，那是无论如何都应该细究一番的。埋头于故纸堆，才发现眼前规模不太大的大愚禅寺，历史上曾经和不少高僧、文化名人发生过交集，珍藏着值得一看的故事。任其埋没无闻，是地方史也是传统文化研究的缺憾。

大愚禅寺原名真如寺，建于唐德宗建中年间，因当时的住持大愚禅师点化了义玄而名重一时，后以大愚寺称闻禅林。其寺原址在高安城关镇朝阳门外，坐落在大愚山脚，为松茂竹密的幽僻之处，历史上兴废反复，最终毁于日寇炮火。改革开放后，在当地政府的支持下，大愚禅寺恢复重建。如今的大愚禅寺坐落在高安市城区西北角，殿宇层叠，香烟缭绕，是江西省的重点佛教寺院。2006年11月19日，大愚禅寺大雄宝殿落成开光，中国佛教协会副会长净慧大和尚作开光香语："久慕大愚寺，大愚名不虚。宗风临济棒，千古契如如。"2016年，中国佛教协会会长学诚法师欣然为大愚禅寺题匾"临济天下"。这都是对大愚禅寺在禅宗发展史上所作重要贡献的真实写照和肯定。

北宋神宗元丰三年（1080），"唐宋八大家"之一的苏辙携家眷来到高安。其时，兄长、大文豪苏轼因"乌台诗案"陷罪，苏辙毅然呈请朝廷，愿削夺自己的官职为兄长折罪。神宗不许，贬其为监筠州（今江西省高安市）盐酒税，五年不得升调。京都开封缥缈远去，眼前筠州乃一偏远小城，监盐酒税的差事繁重而忙碌："昼则坐市区鬻盐、沽酒、税豚鱼，与市人争寻尺以自效。莫（暮）归筋力疲废，辄昏然就睡，不知夜之既旦。"（苏辙《栾城集》卷二十四《东轩记》）小城鄙陋，工作劳累，初到的苏辙对筠州并无好感。

学士本色难脱的苏辙，业余查阅筠州文史资料，同时与当地官员、僧人和道长密切交往，对筠州一地的文化历史有了充分了解，很快走出了认识误区。在《筠州圣寿院法堂记》中，苏辙叙写自己的心路历程说，高安这地方在溪山之间，水陆交通不方便，老百姓自得其乐，事业有成的人士不会来这里出没。但这地方文化渊源深厚，东晋道士许逊率徒十二人，以道术救民疾苦，百姓尊奉而受到教化。如今此地道士比他州为多，以至于妇人孺子都喜欢穿道士服装。唐时六祖慧能传佛法教化岭南，再传马祖兴盛于江西。后继洞山有良价，黄檗有希运，真如有大愚，九峰有道虔，五峰有常观。因为有这五个道场，诸方游谈之僧接踵留迹于此，而以禅命名的精舍多达二十四个。筠州这两项，其他地方都不具备。苏辙由此感到欣慰："考其风俗人物之旧，然后信其宜为余之居也。"在考察了筠州的风俗和历史文化后，苏辙居然萌生了归属感，相信这地方对自己而言是个宜居之处。可见地方丰厚的传统文化，对人有多么大的感染力。

　　苏辙生活的时期，高安为筠州治所，他以筠州全境为视野，故有五道场、二十四精舍之说。然而，即便将视角缩小到今天县级市的行政区划，高安仍然有可资咀嚼的人文历史，其中大愚禅寺就是值得瞩目的亮点。

　　我在高安营生已经是第十一个年头，当然没有苏辙当年如此巨大的人生落差和心理纠结，于地方人文历史的探究和感悟，肯定也无法达到苏文定公的广度和深度。但是就享受当地历史文化的熏冶，并由此萌生对此地的热爱和亲近感而言，却颇以苏文定公的感慨为然。中国有着五千年文明史，全国每一个地方都积淀和传承着博大而璀璨的传统文化。如果将它们整理发掘出来，那必是一道教人自爱、引人自豪的靓丽风景线。

滕建明

二○一七年四月二十六日于杭州

目　录

大愚禅寺沿革及大事记..1

历代高僧

大愚禅师..9
义玄祖师..19
了然尼师..42
守芝禅师..53
师戒禅师..65
省聪禅师..69
六愚和尚..74

名人与大愚禅寺

苏　辙..81
苏　轼..94
陆　游..108
吕祖俭..125

附：大愚禅寺历代诗歌选

次韵王适游真如寺 / 宋·苏辙 139

雨后游大愚 / 宋·苏辙 139

次韵子瞻端午日与迟、适、远三子出游 / 宋·苏辙 139

和韵 / 宋·苏辙 140

偶游大愚，见余杭明雅照师，旧识子瞻，能言西湖旧游。将行，赋诗送之 / 宋·苏辙 140

端午游真如，迟、适、远从，子由在酒局 / 宋·苏轼 141

真如寺 / 宋·苏轼 142

与高安刘丞相游大愚，观壁间两苏先生诗 / 宋·陆游 142

游大愚寺 / 宋·陆游 143

前题 / 明·熊茂松 143

大愚叟吕寺丞祠 / 明·黄奇叟 143

重过筠阳书院 / 明·陈邦瞻 144

前题 / 明·王应遴 144

游大愚寺 / 清·汪毓珍 144

吊吕公堆 / 清·杨朝公 145

大愚晚呗 / 清·陶履中 145

吊吕公堆 / 清·释遍鹏 145

东轩 / 清·翁方纲 145

游大愚寺 / 清·邹笃生 146

吊吕公堆 / 清·邹笃生 146

大愚禅寺沿革及大事记

唐德宗建中元年（780）

寺院创立，初名"真如寺"，位处高安市朝阳门外，坐落于大愚山麓，濒临锦江，故当时亦俗称"滩头"。

唐敬宗宝历元年（825）

大愚禅师在此前开始住持真如寺。

临济宗祖师义玄在黄檗希运禅师处学禅三年，三次发问，三次被打。经黄檗指点，来真如寺拜谒大愚禅师。大愚禅师以黄檗"老婆心切"点化义玄。义玄回黄檗处得到印可，后约于唐武宗会昌年间到镇州（今河北正定），开创临济宗。因大愚禅师功业所在，此后真如寺亦称大愚寺。

大愚住持期间，了然尼拜学于真如寺，并得大愚师印可，往末山天竺峰下住持上定林院。

唐文宗大和九年（835）

大愚禅师圆寂。

唐懿宗咸通八年（867）

义玄弟子灌溪志闲禅师此年之前辞别义玄，前往今江西上高末山上定林院，与了然尼面斗机锋。了然尼机锋凌厉，灌溪志闲膺服，自愿在上定林院做园头三年。

北宋真宗大中祥符九年（1016）

临济宗六世传人守芝禅师约在此年后，南游到高安住持大愚寺。当时大愚寺墙垣颓坏，粥饭不济，守芝禅师日提斗笠于乡间弘法。文悦禅师（998—1062）因仰慕大愚点化义玄典故，来大愚寺拜守芝为师。后文悦禅师开导慧南（1002—1069），并推荐其投学石霜楚圆门下。慧南学成后至黄龙山（今江西修水）开堂讲法，开创禅宗"五宗七派"中的临济宗黄龙一派。

北宋仁宗景祐元年（1034）

云门宗高僧五祖师戒禅师，在大愚寺僧堂前倚杖谈笑而化，为后来大文豪苏东坡前世系五祖师戒禅师的传说种下了因缘。在此之前，他从湖北黄梅五祖山来大愚寺升堂传法。

神宗元丰三年（1080）

"唐宋八大家"之一的苏辙，因受其兄苏轼"乌台诗案"牵连，被贬为监筠州（今江西省高安市）盐酒税。苏辙此次居留高安五年，其间曾数度参访大愚寺，并留下诗作。

苏辙与圣寿寺长老省聪（1040—1095）交往甚密。省聪长老此前曾住持大愚寺。

元丰七年（1084）

四月，神宗诏苏轼内迁汝州，授汝州团练副使。此前的元丰二年（1079），苏轼因"乌台诗案"被贬湖北黄州。在转汝州之前，苏轼专程到筠州探访其弟苏辙，于四月二十九日到达，至五月九日离开。其间参游大愚寺，并留有诗作。

苏轼与大愚寺结缘，引发其前世为五祖师戒禅师的传说，并逐渐演变为宋元话本中重要的故事题材。

元丰七年（1084）

八月，苏辙第三次参访大愚寺，并留下诗作。

哲宗元祐八年（1093）

苏辙与变法派发生冲突，再次被贬高安，居四年，其间鼓励省聪长老住持逍遥寺。

绍圣二年（1095）

省聪禅师寂于逍遥寺。

南宋孝宗淳熙七年（1180）

秋冬之际，文学家、爱国诗人陆游从抚州临川来高安，巡查灾情善后情况，兼查百姓陈彦通反坐案。其间参访大愚寺，观瞻苏轼和苏辙诗壁，并留下诗作。

宁宗庆元二年（1196）

金华学派的重要代表人物吕祖俭，即金华学派创始人、南宋大学者吕祖谦之弟，因为上书反对权臣韩侂胄贬黜忠良老臣，被放逐岭南韶州（今广东韶关）。中途改送吉州（江西吉安），后遇赦转筠州（江西高安）安置，住大愚寺。其间以采药卖药为生，庆元四年（1198）卒于大愚寺。诏归葬，门人扶柩回葬金华明招山吕氏墓地。

明神宗万历三十六年（1608）

四川僧人真全住持，辟草开园，重修各殿，遭到豪门大族侵扰掳掠。郡守鲁史出面奋力为之排解裁决，原为寺院旧址的懒云窝失而复得，并新建一别院，取名为"本觉"。后来的郡守陶履中还因大愚寺的申请，为之维修翻新。

清世祖顺治十三年（1656）

筠州施主信众迎请洞山六愚和尚到大愚寺担任住持，开堂说法。六愚和尚在大愚寺住持期间，辑有讲法语录。高安县令黄奎龄为其语录作序。其时，大愚寺有八处景观，六愚和尚分别作诗记之。

顺治十八年（1661）

住持大愚寺五年的六愚和尚说偈告众而逝，世寿四十有六。县令黄奎龄为其撰《真如寺喆和尚塔记》。

圣祖康熙五年（1666）

六愚和尚法嗣遍鹏，苦心募集各方资财，建起了三门和正殿以及藏经阁，大愚寺焕然一新。

高宗乾隆十三年（1748）

春季，奉圣旨赐紫衣，命洞山普利寺主席野云彻和尚法嗣文达璋禅师住持大愚寺，众僧迎为方丈。文达璋禅师会同法弟文远质禅师捐资，买回寺背、寺旁田八十工，载粮三斗五升。僧徒汇合众人置买王家园田五工半，额粮七升五合存寺。一时香火鼎盛。

清朝末年

寺毁。

民国初年

复建小庙。

日寇侵华期间

寺遭焚毁。

公元 1998 年

高安市人民政府批准重建大愚寺，划拨新址于高安市城西西湖公园之畔，延聘释心妙法师担任住持。1998 年 7 月经江西省民族宗教事务局备案登记，登记证号：（赣）80750001。寺院坐落于江西省高安市瑞州街道西湖公园 2 号，总计占地约 53000 平方米，为江西省重点寺院。

2004 年

大愚寺被评为全省"五好"宗教场所。

2006 年

住持释心妙法师长年坚守,苦心经营,大雄宝殿落成。11月19日举行大殿落成暨佛像开光庆典。江西省政协和宜春市政协主要领导,江西省委、宜春市委统战部,民族宗教事务局,以及高安市有关党政领导,中国佛教协会副会长、湖北四祖正觉禅寺方丈净慧大和尚等佛教界高僧大德出席了庆典。

2011 年

大愚寺被评为江西省和谐寺院。

2014 年

9月1日,大愚寺完成重新登记。高安市政府划拨新增用地6000多平方米,用于扩建头山门等。

2016 年

大愚寺山门牌坊、久慕桥落成。中国佛教协会会长学诚法师欣然为石牌坊题匾"临济天下"。

目前,大愚寺已具规模,设石牌楼坊、山门殿、放生池、水上观音像、天王殿、大雄宝殿、钟鼓楼、东西配殿、祖师塔院等,计建筑面积25000平方米。寺内殿宇森然,香烟缭绕,一派梵静。

历代高僧

大愚禅师（？—835）

唐代高僧，高安真如寺住持。有案可查的资料证明，真如寺是高安一地创立较早的佛教寺院之一，大愚禅师为真如寺早期著名的住持。

据《宜春禅宗志·寺院篇》"大愚寺"条载，真如寺创建于唐德宗建中元年（780）。因为大愚禅师住持，并曾点化临济宗祖师义玄，故后又称大愚寺。这所并不显赫的寺院，其创立有着宏观社会氛围和微观区域环境的深厚背景。

一、"佛法极盛，无过洪府"

唐德宗当政时期，唐王朝已经由盛转衰，佛教的重心也已呈现从中原地区向南方转移的趋势。

大唐王朝自公元618年立国，由雄才大略的唐太宗李世民奠定基础，经过一百多年发展，在唐玄宗李隆基前期励精图治的治理下，经济文化高度繁荣，国力达到巅峰状态。这就是被称为继汉"文景之治"之后，中国历史上出现的第二次鼎盛局面——"开元盛世"。改元天宝后，唐玄宗志得意满，放纵享乐，政治上先后任用奸相李林甫和杨国忠，朝政败坏，伴随出现宦官干政局面。府兵制改为募兵制后，节度使与军镇士兵结合，出现边将专军局面，其中以胡人安禄山为最。天宝十四年（755）十一月，安禄山和史思明发动叛乱，次年十二月攻入首都长安，史称"安史之乱"。经过长达八年的时间，叛乱才被平定下来。这一场叛乱，使唐王朝元气大伤，从此开始逐步走向衰落。

唐德宗李适（742—805），即唐肃宗李亨嫡孙、唐代宗李豫长子。李适十四岁那年，"安史之乱"爆发，次年长安陷落，玄宗逃往四川，肃宗被拥立为帝。宝应元年（762），肃宗崩，李适父亲代宗李豫即位。大历十四年（779）五月，代宗病逝于长安宫中，李适即位，是为德宗。唐德宗登基之时，大有图强复兴之志。政治上强明自任，信用文武百官，严禁宦官干政；经济上用杨炎为相，废租庸调制，改行"两税法"，大大改善了中央的财政状况；外交方面，北和回纥，南和南诏，西结大食、天竺，打击吐蕃，扭转了对吐蕃的战略劣势。德宗还力图削弱地方藩镇割据势力。建中二年（781），德宗不准许李惟岳谋求传袭其父李宝臣成德节度使之位。李惟岳遂联合魏博节度使田悦等发动叛乱，德宗发起平定藩镇叛乱之战。这场平藩战争持续五年，朝廷虽然取得了胜利，但不得不与其他藩镇妥协，取消了藩镇王号，但承认节度使在当地的统治权，割据局面进一步恶化。德宗后期猜忌大臣，任用宦官，大肆聚敛，对藩镇妥协退让，朝政涣散。

高安建县始于汉高祖六年（前201），名建成，属豫章郡。唐朝立国，因建成与唐高祖李渊太子李建成名同，于武德五年（622）改建成为高安。在高安设靖州，辖五县。武德七年（624）改米州置，以地产筊筐又改筠州，治高安（今江西高安市）。次年废，并望蔡、宜丰、阳乐、华阳四县入高安，属洪州。在唐德宗当政时期，高安县在行政区划上隶属于洪州，大致辖有现今高安市、上高县、宜丰县以及万载县、樟树县的一部分，地域广大。

有唐一朝，以佛教兴盛而著称，这当然与统治者的倡导有关。但事实上，唐李姓王朝除了秉承传统儒教，又自奉道家老子李耳为先祖，对道教尊奉有加，同时深知佛教影响力巨大，因此在儒教、道教和佛教方面多采取平衡方针。像太宗李世民、玄宗李隆基，甚至还对佛教采取过一定的抑制措施，唐后期更有唐武宗灭佛造成的"会昌法难"。唐朝真正信奉佛教的皇帝，首数借佛改制的武则天。在其当政时期，佛教发展日臻鼎盛，寺院林立，僧尼众多，典籍著述丰繁。其后代宗、宪宗和宣宗也在崇佛之列，其中包括德宗李适。

德宗和他的父亲代宗李豫对佛教的尊奉，重要成因为"安史之乱"。战争造成国家破落，社会凋敝，家人离散无常。代宗李豫十九个女儿中有七位先后夭折，因此深感人生无常，在佛教中寻求寄托。所任宰相都尊奉佛教，对代宗造成深刻影响，由此带领朝官和百姓崇尚佛教。德宗即位初期，曾采取部分抑佛措施，罢停了代宗时期统管僧尼的功德使制，重申僧尼悉属祠部，加强了对僧尼的管理。但因受父亲影响，周边被信佛的宦官包围，加上佛教本身巨大的影响力，德宗转而成为唐朝最尊奉佛教的皇帝之一。建中元年（780），起于代宗时期的律疏修订完成，德宗授主修圆照律师紫衣，并授内供奉检校鸿胪卿食邑三百户。贞元二年（786），德宗临章敬寺，从道澄律师受菩萨戒，以示皈依佛法。贞元四年（788），德宗恢复修功德使制。次年下诏禁止将佛寺道观用作客栈，敕令修缮所有破毁寺院。贞元六年（790），适逢法门寺三十年一开、唐王室礼迎佛骨舍利的法定之期，德宗下诏迎请法门寺佛骨舍利进宫供养，又转长安各大寺院供人瞻仰。这是唐朝第四次迎奉佛骨典礼，万民空巷，施财巨万，场面浩大，成为德宗弘法教化、凝聚人心的重大政治行动。代宗和德宗两代皇帝在"安史之乱"后所营造的崇佛风尚，是全国各地修复或者新建佛寺的重要政治条件。

佛教在中国的传承，盛唐之前一直以活跃于政治经济中心的都市化，和皇家贵族、士大夫主导的精英化为特征。初唐和盛唐，以玄奘法师、道宣律师、法藏法师和神秀禅师等为代表的高僧，长期在长安、洛阳皇家大寺院传法，广受皇家供养。以北方区域为主场地的"安史之乱"，严重冲击了该区域的佛教寺院和僧尼队伍，对北方佛教的发展造成重大破坏。德宗一朝，这种地方藩镇和中央政府的争斗并未止息。因此，北方的佛教及北宗禅逐渐衰微，佛教重心南移，农禅并重的南方山林佛教得以兴盛。都市佛教开始向名山寺院和丛林佛教过渡，精英佛教呈现平民化和通俗化趋势。山林化、民间化、本土化和禅法上的简洁明快，成为佛法变革的主要特征。

公元674年，禅宗五祖弘忍去世，其弟子分成以神秀、普寂等人为代表的北宗，和以慧能及其弟子为代表的南宗。慧能去世之后，南宗经弟子神会、本净、南岳怀让、青原行思等人传法，在"安史之乱"后，影响扩大至全国。怀让弟子马祖道一及其洪州禅、行思弟子石头希迁及其石头禅，在南宗取代北宗成为中国禅宗主流派的过程中，发挥了重大作用。其中马祖道一的洪州禅贡献尤大，下开临济、沩仰二宗，后世均以马祖法系为禅宗正统。

洪州禅亦称洪州宗，与石头宗并列为唐代禅宗两大派系。它源于六祖慧能，始于南岳怀让禅师，实际创立人为马祖道一。马祖道一在禅宗发展史上占有重要地位。六祖慧能主张佛性人人皆有，创顿悟成佛之学，使繁琐的佛教中国化、简易化。马祖主张任心为修，即心即佛，非心非佛，平常心是道，让六祖"顿悟"之说可以付诸实行，以往看经坐禅的传统被取代。这促进了僧徒对佛禅普遍的革新观念，故大学者胡适甚至认为马祖是中国最伟大的禅师。

马祖道一在唐开元年间到湖南衡岳，拜怀让禅师为师。天宝初年至福建建阳（今建阳县）佛迹岭弘法授徒，随后迁住临川（今江西抚州），不久至虔州（今江西赣州）龚公山宝华寺，升座弘法。唐代宗大历年间移住洪州（今江西南昌）开元寺（今佑民寺），并以洪州为中心展开创宗立派活动，直至寂灭。马祖道一的弘法，得到了时任江西观察使（兼岭南节度使）的路嗣恭的大力支持："连帅路嗣恭聆风景慕，亲受宗旨。由是四方学者云集座下。"（《景德传灯录》卷六）马祖道一门风盛极，弟子众多。《祖堂集》称大师下亲承弟子八十八人，出现于世及隐遁者莫知其数；《古尊宿语录》及《景德传灯录》称师入室弟子一百三十九人，各为一方宗主，转化无穷。其中以百丈怀海、西堂智藏、南泉普愿最为著名，号称洪州门下三大士。《宋高僧传》概括当时的盛况说："于时天下佛法极盛，无过洪府，座下贤圣比肩，得道者其数颇众。"（《宋高僧传》卷十一《太毓传》）禅宗史上著名的洪州禅就此形成，并与青原一系的石头宗遥相呼应，共同推动禅宗大行于天下。

开元寺（佑民寺）现坐落于江西省南昌市东湖区民德路，始建于南朝梁天监年间，曾名上兰寺、大佛寺，唐开元年间改名开元寺。高安此时行政区划即属洪州，治所与开元寺直线距离不过六十公里。在马祖弘法盛极之时，洪州所属各县当是其影响力波及第一范围。查阅有关典籍，可知洪州一地及其周边地区，在马祖弘法前后出现过一波建寺立院的高峰。马祖道一在今靖安、宜黄、安义、新建、金溪等地开山所建寺院，计有大唐寺、开阳寺、宝华寺、法药寺、定明寺、净住寺、寿昌寺、梵惠寺、光福寺、石磬寺、大果院、正济寺、澄心寺等三十多所，其中仅在现今的丰城市境内，马祖就曾建有八座寺院，今尚存净住寺。回头看当时的境况，称其为佛教界的"马旋风"并不为过。受此影响，其他如九江、奉新、万载、宜丰各县，在这一时期都兴建了不少寺院，连濒临湖南浏阳的铜鼓县都受到波及。据载，马祖道一的道场号为选佛场，大历四年（769），他曾到铜鼓龙崖栖禅，龙崖今号马祖崖。（《宜春禅宗志·寺院篇》）著名的奉新百丈寺，也在此时创立。大历年间，也就是马祖到开元寺弘法期间，奉新人甘贞在洪州新吴（江西奉新）大雄山（俗称百丈山）建庵，初名"乡导庵"。此时马祖大弟子怀海在小雄山普化院任住，甘贞听闻怀海禅法精深，盛邀怀海住庵，并将庵名改为"百丈寺"。怀海励精图治，革新禅法，使百丈寺后来成为名闻天下的"百丈清规"的发祥地。

在这种氛围中，高安大愚寺的建立自有其特殊的因缘。可以说，大愚寺是唐代宗和唐德宗所倡崇佛的宏观背景，以及马祖道一到洪州弘法的区域环境合力酝酿的产物。

二、"以大愚禅师所居，故称大愚"

关于真如寺的具体方位，按照清同治辛未年重修《高安县志》（以下简称"同治《高安县志》"）的记载，就在朝阳门外、大愚山麓，初名真如寺。大愚禅师的名号和大愚寺别名的由来，国内外学者做过一些细微的考证。日本学者铃木哲雄在《唐五代的禅宗》一书中，根据中国史地书籍考订，认为大愚为山名，在瑞州城东门外，山麓有寺名真如，又称大愚寺，因面临湍急的锦江，称大愚滩头。故大愚禅师乃是因袭山、寺之名作为自己的法名。

铃木哲雄的说法未必精当。其一高安最早名"建成"，建制在县和州郡间多次变化，中间因各种原因先后改称高安、米州、筠州。直到南宋宝庆元年（1226），因"筠"字与宋理宗赵昀名同音，恰值州治后山碧落堂发现祥瑞，即一株十四茎灵芝，才改筠州为瑞州，治所高安县名不变。此时离唐德宗年间已相距近半个世纪，以"瑞州"之名查阅地理，其资料中的山滩地名，均已远离大愚禅师生活的年代，很难保证其历史原貌。

其二，还在拜学于归宗智常禅师门下时，大愚曾经想离开归宗禅师，外出另学"五味禅"，被归宗喝止。此事各《灯录》都有记载，均称大愚为"嗣法小师大愚"或"小师大愚"。翻检各典籍，大愚禅师此外别无任何名号，可知其在归宗智常禅师处拜学时，法名已为大愚。而此时大愚尚未得到归宗禅师印可，不可能出山到高安住持真如寺，怎么可能会以高安的山名和寺名为自己取号呢？

其三，同治《高安县志》卷二十七《古迹志·寺》明确载：大愚寺"一名真如寺，以大愚禅师所居，故称大愚"。同书卷二十四《艺文志》黄奎龄所撰《真如寺喆和尚塔记》言："昔临济在希大师会下，问法辄棒。后参大愚老汉，一言得契，还质印可。寺一多以'大愚'呼之。"这些都确凿无误地认可：真如寺后有别名大愚寺，来源于大愚禅师的功业。

其四，同治《高安县志》载："大愚山，在朝阳门外，山麓有真如寺，本大愚禅师所居。"（同治《高安县志》卷四《山川志》）这个载录可以两读：一读真如寺原来为大愚禅师住持之处；一读大愚山之名"本"于大愚禅师住持真如寺。其中第二个解读并非空穴来风，因为该志在"大愚山"之后并列的逍遥山、龙化山、瀚山、白鹤山、高胡山、白云山、谢山、以易山等，其山名均来源于人事或佛道传说，而未曾交代山之远古原始名称。如"龙化山，在南城西门外，旧传东晋时有龙乘云化去，故名"；"瀚山，山下有塘百余亩，单姓因以名山"；谢山，"相传谢仙君仲初炼丹之地，丹灶履迹俨然尚存"。因此把大愚山之名理解为"本"于大愚禅师，就志书中的逻辑而言并不勉强。假定大愚山的称号古已有之，山下建寺立院之初不就近取喻得名"大愚寺"，偏偏取名为"真如寺"，而非得等大愚禅师来住持以后，才有别称"大愚寺"，这显然不通情理。

综上，我们大致结论为：其一，大愚禅师的"大愚"法名，早在其投拜于归宗门下，尚未到真如寺住持之前已经取就，不存在因袭高安后来的大愚山、大愚寺名称而自取其号的可能；其二，真如寺因为大愚禅师曾经在本寺住持,并有点化临济宗祖师义玄的功业,才得别名"大愚寺",而不是因袭大愚山的山名而称大愚寺。谨慎而言,根据现有资料,我们虽不敢肯定大愚山的山名同样来自于大愚禅师,但至少在大愚禅师来到真如寺并成就功业以前,此山并未就"大愚"一词产生过任何影响力,因此,"大愚"是否为其山之远古原始名称值得怀疑。

此论之外,我们还愿意做个小小的推想:按照黄檗禅师的介绍,大愚"愿不好群居,独栖山舍"(《祖堂集》卷十九),《景德传灯录》载黄檗称大愚为"大愚老汉"(《景德传灯录》卷十二),可以想见这是一个老成持重、性格比较孤僻、喜欢独处的人。归宗禅师或者大愚在云游求法过程中遇到的其他禅师,根据其性格特征给他取一个"大愚"的法名,喻其以"大音希声,大象无形"、不露锋芒之意,也相当贴切而富于禅意。当然这仅仅为一种揣测,并非历史真实。

三、从五味禅到一味禅

现有佛教史籍关于大愚禅师生平的记载不多,关于其圆寂之年的初步推断,为了叙述方便,我们放在后面。根据《祖堂集》记载,大愚是黄檗希运禅师的同道。黄檗禅师是这样告诉僧徒的:"余昔时同参大寂道友,名曰大愚。"(《祖堂集》卷十九)说两人是曾经一起参拜马祖道一的道友。但在同书卷十六有关"黄檗和尚"的记载中,又说黄檗参拜的不是马祖本人,而是其大弟子怀海禅师。说黄檗游历上都,乞食遇见一老女,"阿婆提以再举微关,师则玄门荡豁。师重致言谢,拟欲师承,阿婆曰:'吾是五障之身,故非法器。吾闻江西有百丈大师,禅林郢匠,特秀群峰。师可诣彼参承,所贵他日为人天师,法不轻来耳。'"(同上)黄檗于是按照阿婆的指点,来到百丈造访怀海禅师,并得到指点,"师遂驻泊,延于时岁"。(同上)

到了《联灯会要》,记载有所变化,说黄檗到洛京,行乞遇到的那位老妪告诉他:"可往南昌,见马大师去。"(《联灯会要》第七)等黄檗赶到南昌,马祖道一已经圆寂。黄檗听说马祖灵骨塔安置在石门,就前往瞻礼。当时怀海禅师正结庐于塔侧，黄檗于是向怀海请教马祖禅法，得到怀海指点，并最终获得印可。

按照上述记载，黄檗禅师并未亲身参见过马祖道一，那么他所说的"参大寂"，指的应该是从向往马祖，因马祖圆寂，转而向怀海禅师请教马祖禅法的前后过程一事，并非确指直接参拜过马祖。他把大愚列为"同参大寂"的道友，说明在追拜马祖的过程中，大愚与黄檗有过很深的交往，而且一样向往马祖，同样向怀海禅师学过马祖禅法。

这一记载引出了人们的怀疑，有人认为大愚既然是归宗的弟子，怎么会和黄檗一起"同参大寂"呢？黄檗钦佩归宗，称归宗为马祖亲传弟子中最出色之人，倒是有可能与大愚两人一同参拜归宗，因此认定《祖堂集》黄檗禅师所说有误。然而这未免机械，事实上，僧徒在求法过程中，并不只限于一寺一师，他们往往要游历多方，参拜多个高僧，汲取各家营养，逐渐凝聚自己的功力和禅法。如黄檗禅师，不仅参拜过怀海，成为其法嗣，同时也参拜过马祖的另一高徒南泉普愿禅师，在南泉为首座。有的甚至已经分席接物，名声在外，还需要另行拜师。例如后来临济黄龙派的开山祖师慧南，他起初在怀澄禅师处学云门宗，因为深得真传，怀澄禅师不仅予以印证，还令其分座接物，一时名振诸方。但他后来还前往投奔石霜楚圆，诚意学临济宗，终成一派大师。事实上，在《祖堂集》的记载中，黄檗禅师已经说得很清楚：大愚"诸方行脚，法眼明彻"。（《祖堂集》卷十九）说明大愚各处游历，有过多样的拜师经历，虽是归宗所印可的弟子，却涉猎过多方宗风。

在《联灯会要》以及其后的佛教史籍里，大愚明确为庐山归宗智常禅师弟子。归宗寺位于庐山南面金轮峰下玉帘泉附近，最早是大书法家王羲之的别墅。东晋咸康六年（340）舍给西域僧人达摩多罗为寺院。唐元和年间，智常禅师复兴重建，成为著名禅院。智常禅师，江陵（今属湖北省）人，俗姓陈，出家后拜于马祖道一禅师门下，后住庐山归宗寺。他目有重瞳，用药手按摩，致双目皆赤，故人称"赤眼归宗"，圆寂后，唐文宗敕谥"至真禅师"。归宗智常禅师是马祖道一亲授法嗣之一，道学高深。黄檗禅师曾经夸赞："马大师出八十四人，善知识问著，个个屙漉

漉地，只有归宗较些子。"（《五灯会元》卷三）

大愚在归宗门下修学多年，一直未能悟得禅法真谛，后来决定离开归宗禅师，另向他方寻师拜学，于是发生了他和归宗禅师的一段对论。《联灯会要》的记载是这样的：归宗禅师"因小师大愚辞，师问：'甚处去？'云：'诸方学五味禅去。'师云：'诸方有五味禅，我这里有一味禅，为甚不学？'云：'如何是和尚一味禅？'师劈口便打，愚当下大悟，乃云：'嘎，我会也，我会也。'师急索云：'道，道。'愚拟开口，师又打，即时趁出"。（《联灯会要》卷四）这段记载，不仅明确大愚是归宗智常禅师的弟子，而且录下了归宗接引大愚开悟的过程。

关于五味禅有不同解释，一般沿用天台宗智顗大师五时八教中"五时"的寓意。五时为华严时、阿含时、方等时、般若时、法华涅槃时，对应《大般涅槃经》所言牛出乳、乳出酪、再生酥、熟酥、醍醐之五味，指佛陀对不同听众、不同时机，分五阶段所持五类不同教法，同时亦含僧徒听经悟道渐次深入之义。禅门阐释归宗与大愚这桩公案，也有差异，笔者相对认可的释读如下：大愚在归宗门下觉得因缘不契，向归宗辞行，想到别的高僧那里去学五味禅。归宗其实对大愚早已关注，觉得他用功不懈，只是未能开悟，便截住话头说："诸方有五味禅，我这里只有一味。"这实际上在告诉大愚，法法一相，禅无多味，诸方对佛法虽有不同教理，真正的妙法只有一相。大愚原本认为禅有五味，如今师父说只有一味，就挑起了心底的疑问，急切想知道其中奥妙，因此马上发问："如何是和尚一味禅？"然而就在大愚一念集中之时，归宗却当头挥棒。这一打，让大愚顿时明白，一味本来具足，不假外求，眼前当下即是，当遏止向外求一味法之念。大愚以为已经明白通透，高兴地说："嘎，我会也，我会也。"但在归宗看来，大愚虽具不假外求、当下即是的知见，尚未达无相境界，马上进一步勘验道：说说看，什么是一味禅？大愚正想回答，归宗却举棒又打。禅法高妙，真实的佛法顿悟体验，无法用语言文字表述，说出来即为妄想。归宗让大愚开口说，又不允许他说出来，全看他是否真正悟得真谛。

值得注意的是，我们看归宗禅师对大愚的开悟之法，已经有完善的棒喝宗风。这有助于我们了解大愚奉行的禅法，以及他后来指点义玄开悟时，对黄檗希运禅师棒喝的理解力。同时我们对临济义玄棒喝宗风的由来，也会多一层理解。

依据以上文献资料，我们可以了解到：大愚是与黄檗希运禅师同一时代的僧人，他拜过多个高僧，诸方行脚，对禅法通明透彻，道行不浅。按照黄檗禅师的描述，大愚的性情沉稳僻静，不太愿意和众人往来，不好群居，喜欢一人独处。我们加以比对可以发现，这一对求学道友，性情反差极为明显。在招徒收生方面，黄檗广揽僧徒，学众云集，山门隆盛，法嗣弟子有十二人，其中以临济义玄、睦州陈尊宿为最著。在升堂讲法、释难解疑方面，黄檗宏论滔滔，诲人不倦，有《语录》《传心法要》等著录问世。因为道行高深，声望日隆，政治上的境遇也相当优厚。在唐武宗灭佛前夕的会昌二年（842），当时任钟陵（今江西进贤县）廉镇的裴休，迎请黄檗至钟陵龙兴寺讲法，黄檗因此躲过不久到来的"会昌法难"之劫。大中二年（848）裴休移镇宛陵（今安徽宣城县），又迎请希运至开元寺，朝夕参扣，记录其开示法语，辑为《黄檗希运禅师传心法要》和《宛陵录》。

而大愚禅师，则沉静于另一方天地。真如寺所处位置，当时脱离市区，背依山峰，傍临锦江，俗称滩头。从后期描绘真如寺的诗文来看，那里古松遮月，竹林萧然，茶盛笋密，环境幽僻。每当红日西沉，落霞飘飞，寺院里木鱼声声，僧人诵经之声不绝于耳，后世还将此景列为高安的"筠阳八景"之一"大愚晚呗"。大愚禅师选择在这样的寺院当住持，显然契合他的性情和意愿。

大愚禅师性喜独处，不作宏论，也不热衷于广收门徒。他在和黄檗一起游历求法分手时，特意叮嘱黄檗说："他后或逢灵利者，指一人来相访。"（《祖堂集》卷十九）因为这个叮嘱，黄檗给他引来了一个惊动禅界的高徒义玄。大愚同时还有个嫡传法嗣，那就是末山了然尼禅师。她后来到末山天竺峰下的上定林院，成为当时佛禅界少有的女尼住持。作为一个禅师，一生有这样两个高徒，大愚已经足以称得上功德圆满。

义玄祖师（？—866 或 867）

唐代高僧，中国禅宗临济宗创始人。原籍曹州（今山东菏泽）南华人，俗姓邢。幼时聪颖灵异，稍长以孝闻名。落发出家后，居于讲肆研读经律论三藏，觉得这些都是济世良方，却未达禅的教外别传之旨，于是更衣游方，投于当时江西洪州高安黄檗山（今宜春市宜丰县境内）希运禅师门下。经希运禅师印可后，侍黄檗参与作务，担当信使，与径山、沩山多有往来。后来义玄辞别黄檗师到镇州（今河北正定，下同），在城东南隅一座据称最早建于东魏孝静帝兴和二年（540）的小寺院担任住持，寺院濒临滹沱河，因号临济。在普化、克符等禅师的辅佐下，成临济宗旨，举棒喝宗风，开创了中国禅宗史上影响最大、法脉延续时间最长的临济宗。当时藩镇战乱，太尉默君和舍正定城中宅为佛寺，沿称"临济寺"，迎请义玄住持。此后战乱频仍，义玄到大名（今河北大名，下同）住兴化寺，寂于此寺，谥慧照禅师，塔号澄灵。门人慧然辑其语要为《镇州临济慧照禅师语录》。

义玄初期投于黄檗山希运禅师门下，三年不得要领，后拜谒高安大愚禅师，得到指点而开悟。这在义玄的禅学成长过程中，具有很重要的意义。但是关于这一段历史，目前仍然无法给出完整准确的陈述。

一、纷繁的载录

有关义玄祖师生平的记载，见于多种禅宗典籍。今人统计，从最早南唐的《祖堂集》一书，到清雍正年间的《雍正御选语录》，涉及义玄的书籍有二十四部之多。今人有关义玄生平及其弘法大业的研究，更可谓摩肩接踵，研精究微。但由于资料残缺，义玄祖师仍有许多事迹存疑，甚至其出生年月还无从查考，圆寂时间也有各种版本。关于他和高安大愚禅师的关系，各方记载大相径庭。为了全面了解情况，我们先就涉及此事，且其记载具有代表性的书籍所载罗列于下。

《宋高僧传》，凡三十卷，又称《大宋高僧传》。北宋赞宁（919—1001）于宋太宗太平兴国七年（982）奉敕编纂，收于《大正藏》第五十册。本书与《梁高僧传》《续高僧传》《大明高僧传》，合称"高僧传四集"。该书对义玄的生平介绍相当简单，也没有提及高安大愚。因为《宋高僧传》为宋太宗敕修，并列入《大藏经》传世，应视为一家之言。

唐真定府临济院义玄传六

释义玄，俗姓邢，曹州南华人也。参学诸方，不惮艰苦。因见黄檗山运禅师，鸣啄同时，了然通彻。乃北归乡土，俯循赵人之请，住子城南临济焉。罢唱经论之徒，皆亲堂室，示人心要，颇与德山相类。以咸通七年丙戌四月十日示灭。敕谥慧照大师，塔号澄虚。言教颇行于世，今恒阳号临济禅宗焉。

（《宋高僧传》卷十二）

赞宁，祖籍渤海，隋末移居吴兴德清（今浙江境内），俗姓高。他生长在五代十国时期的吴越国，早年出家于杭州祥符寺，吴越王命为两浙（浙东、浙西）僧统，赐号"明义宗文大师"。宋太宗太平兴国三年（978），吴越国纳土称臣，归属北宋，赞宁亲奉阿育王寺真身舍利到汴京（今河南开封），宋太宗召见于滋福殿。后多次宣召，赐予紫衣及"通慧大师"号，入翰林院。太平兴国六年（981），任右街僧录，第二年诏编修《宋高僧传》，凡历七年，撰成《宋高僧传》三十卷，太宗命僧录司编入《大藏经》。赞宁后任史馆编修、汴京左街僧录，于宋真宗咸平四年（1001）去世，终年八十三岁。赞宁极为博学，除佛学之外，兼善儒、道等百家之言，且博闻广识，擅长诗文，生平著述甚丰。但以其博学如此，为什么对义玄及其临济宗的传承记载如此寥寥？仔细考察，其原因是多方面的。

赞宁生活在五代十国纷乱时期，北方政权更迭，临济宗是禅宗五派中唯一发源于我国北方地区的宗风流派，其开始传布的主要地域，先是唐末藩镇割据，继被后梁、后唐所占。公元936年，后晋石敬瑭称帝，以割让燕云十六州为代价，引契丹兵攻陷洛阳灭后唐。公元947年，契丹灭后晋，国号为辽，从此，燕京至山西大同一带沦为辽国势力范围。宋朝立国前后，辽不断扶助北汉，抵抗宋的扩展，双方矛盾不断激化。太平兴国四年（979），宋太宗趁南方统一大业已定，亲率大军击败辽援军，攻陷太原，灭北汉。从此宋辽直接对垒，开始了长达二十五年的战争，直至宋真宗景德元年（1004）双方签订"澶渊之盟"而暂告结束。赞宁奉旨编撰《宋高僧传》，正是宋辽战争白热化时期，他对交战国辽国势力范围的佛学传承和僧人状况的掌握音讯有碍，介绍也不会没有顾忌。赞宁长期生活在境域狭小、相对封闭的吴越国，六十岁到汴京见宋太宗之前，活动范围基本在江南一带，晚年足迹亦限于北宋统治地区，且《宋高僧传》系奉诏回杭州编撰，故他对北方区域佛禅情况的了解，不如中原及南方地区完整细密。据有关学者统计，赞宁在《宋高僧传》中所列高僧，其中江南道和河南道两地几乎占60%，尤其是江南道，占近乎48%，这与他曾经长期在吴越国担任两浙僧统的经历完全吻合。此外，赞宁广究佛典，勤于著述，学南山《四分律》，为《毗尼》作注解，被人称为"律虎"，这与禅宗所倡即心即佛，尤其是临济宗"罢唱经论之徒，皆亲堂室，示人心要"（《宋高僧传》卷十二）棒喝顿悟的宗风，也有一定距离。

其后重要的著作是《景德传灯录》，三十卷。此书约于宋真宗景德年间成书。所谓"传灯"，系指灯能驱暗照明，禅宗授法传人，犹如传灯。"传灯"系禅宗首创，后来成为介于僧传与语录之间的一种文体。法眼宗传人道原统集已有的僧传，撰成《景德传灯录》，并进呈宋真宗。真宗诏翰林学士杨亿等刊削裁定，历时一年定稿刊行，钦定编入《大藏经》，产生广泛影响。书中对大愚点化义玄过程的记述如下：

前洪州黄檗山希运禅师法嗣

镇州临济义玄禅师，曹州南华人也，姓邢氏。幼负出尘之志，及落发进具，便慕禅宗。初在黄檗，随众参侍。时堂中第一座勉令问话，师乃问："如何是祖师西来的的意？"黄檗便打。如是三问三遭打，遂告辞第一座云："早承激劝问话，唯蒙和尚赐棒。所恨愚鲁，且往诸方行脚去。"

上座遂告黄檗云："义玄虽是后生，却甚奇特。来辞时，愿和尚更垂提诱。"来日，师辞黄檗。黄檗指往大愚。师遂参大愚，愚问曰："什么处来？"曰："黄檗来。"愚曰："黄檗有何言教？"曰："义玄亲问西来的的意。蒙和尚便打。如是三问三转被打，不知过在什么处。"愚曰："黄檗恁么老婆，为汝得彻困，犹觅过在。"师于是大悟，云："佛法也无多子。"愚乃挡师衣领云："适来道我不会，而今又道无多子。是多少来？"师向愚肋下打一拳，愚托开云："汝师黄檗，非干我事。"师却返黄檗，黄檗问云："汝回太速生。"师云："只为老婆心切。"黄檗云："这大愚老汉，待见与他打一顿。"师云："说什么待见，即今便打。"遂鼓黄檗一拳，黄檗吟吟大笑……师唐咸通七年丙戌四月十日示灭，乃说传法偈曰："沿流不止问如何，真照无边说似他。离相离名人不禀，吹毛用了急须磨。"偈毕坐逝。敕谥"慧照大师"，塔曰"澄灵"。

（《景德传灯录》卷十二）

《景德传灯录》经皇家审定刊行，并被列入《大藏经》后，有关义玄拜谒大愚一次性得到点化的过程，版本基本定型，后期各种涉及此段公案的著录，均延续这一说法，只是在细节上有所出入。例如《天圣广灯录》，三十卷，宋代镇国军节度使李遵勖（988—1038）编，天圣七年（1029）献此书于仁宗，仁宗赐"天圣"二字并序。继《景德传灯录》之后，该书在宋仁宗景祐年间流通于世，被收入《崇宁藏》与《毗卢藏》两种大藏经。该书对大愚点化义玄过程的叙述，与《景德传灯录》基本相同，但大量载录义玄语录，后来成为《临济录》一书的主要源头。

《五灯会元》，中国佛教禅宗史书，二十卷。南宋淳祐十二年（1252），杭州灵隐寺普济编集。"五灯"系指五部记叙禅宗世系源流的灯录：北宋法眼宗道原的《景德传灯录》、北宋临济宗李遵勖的《天圣广灯录》、北宋云门宗惟白的《建中靖国续灯录》、南宋临济宗悟明的《联灯会要》、南宋云门宗正受的《嘉泰普灯录》。《五灯会元》括摘"五灯"枢要，比原"五灯"篇幅减少一半以上。正因为《五灯会元》是其他"五灯"的枢要，所以其中关于大愚点化义玄的记载，和《景德传灯录》大同小异，但做了些补充。比如明确了那位指点义玄参问黄檗的"首座"，即黄檗大弟子睦州陈尊宿（780—877）。同时，此书推翻此前各书义玄示寂日为唐咸通七年丙戌四月十日的说法，而载为唐咸通八年丁亥四月十日，并且交代义玄灵骨"塔全身于府西北隅"。(《五灯会元》卷十一）

此后有关义玄的文字载录，多以上述灯录为源头。例如后来在禅林广泛流行，被称为禅宗语录之首，得到临济徒众特别重视的《临济录》一书，传由义玄弟子三圣慧然，汇集其师一代言教编录而成。全书内容为有关义玄行状及学说较完整的汇集。但根据学者研究，《临济录》原型主要是收录在宋版《天圣广灯录》卷十、卷十一的"临济语录"，再采集其他资料重新编排而成。

20世纪80年代，日本佛教临济宗访华团到河北正定拜谒临济寺澄灵塔时，曾将日本禅文化研究所编印的一份有关临济宗的文字资料赠予有关部门。其中《真定十方临济慧照玄公大宗师道行碑铭》一文，是现存最早的有关正定临济寺碑文的资料，同时也是专门记述义玄生平的碑刻资料。其碑刻立时间约在元世祖至元二十四年（1287）或稍后。此碑已不存，碑文与前面各书籍资料相比，在年代上最晚，但仍有一定的参考价值。

然而，从《景德传灯录》开始的有关义玄得大愚一次性点化的记载，到20世纪初叶遇到了挑战，那就是《祖堂集》一书的被发现。《祖堂集》，初名《古今诸方法要》，由五代南唐泉州招庆寺静、筠二禅僧编，成书于南唐保大十年（952），比我们前面所列的《宋高僧传》要早三十年，比《景德传灯录》要早五十年。该书在禅宗史料方面有特殊地位，全书内容记述自迦叶以至唐末、五代共两百五十六位禅宗祖师的主要事迹及问答语句。但该书成书后，在中国本土渐至失传。公元1912年，日本学者关野贞、小野玄妙等人在韩国南部庆尚道陕川郡伽耶山海印寺，对所藏高丽版大藏经版本进行调查时，发现所藏有高丽高宗三十二年（1245）开雕的《祖堂集》二十卷完整版本，而后本书得以重新面世。该书对大愚点化义玄的过程是这样记载的：

临济和尚嗣黄檗，在镇州。师讳义玄，姓邢，曹南人也……黄檗和尚告众曰："余昔时同参大寂道友，名曰大愚，此人诸方行脚，法眼明彻。

今在高安，愿不好群居，独栖山舍。众余相别时，叮嘱云：'他后或逢灵利者，指一人来相访。'"于时，师在众闻已，便往造谒。既到其所，具陈上说。至夜间，于大愚前说《瑜珈论》，谈唯识，复申问难。大愚毕夕，悄然不对。及至旦来，谓师曰："老僧独居山舍，念子远来，且延一宿，何故夜间于吾前无羞惭，放不净？"言讫，杖之数下，推出，关却门。

师回黄檗，复陈上说，黄檗闻已，稽首曰："作者如猛火燃，喜子遇人，何乃虚往？"师又去，复见大愚，大愚曰："前时无惭愧，今日何故又来？"言讫，便棒，推出门。

师复返黄檗，启闻和尚："此回再返，不是空归。"黄檗曰："何故如此？"师曰："于一棒下入佛境界，假使百劫粉骨碎身，顶擎绕须弥山，经无量匝，报此深恩，莫可酬得。"黄檗闻已，喜之异常，曰："子且解歇，更自出身。"

师过旬日，又辞黄檗，至大愚所。大愚才见，便拟棒师。师接得棒子，则便抱倒大愚，乃就其背殴之数拳。大愚遂连点头曰："吾独居山舍，将谓空过一生，不期今日却得一子。"

先招庆和尚举终，乃问师演侍者曰："既因他得悟，何以却将拳打他？"侍者曰："当时教化全因佛，今日威拳总属君。"

师因此侍奉大愚，经十余年。大愚临迁化时，嘱师云："子自不负平生，又乃终吾一世，已后出世传心，第一莫忘黄叶（点校者注：应为'檗'）。"

自后师于镇府匡化，虽承黄檗，常赞大愚。至于化门，多行喝棒……咸通七年丙戌岁四月十日示化，谥号慧照大师，澄虚之塔。

（《祖堂集》卷十九）

《祖堂集》的这个记载，说义玄曾三次到高安滩头真如寺，接受大愚的棒喝指点，这与《景德传灯录》一脉传承下来的记载完全不同。而《祖堂集》作为一本刊行甚早的佛教史籍，本身并无疑问，据杨曾文先生《珍贵的早期禅宗史书〈祖堂集〉——代序》言：宋代的《崇文总目》载有《祖堂集》目录；宋代天台宗四明知礼（960—1028）在他的《十二门钞》中提及过《祖堂集》；北宋云门宗高僧契嵩（1007—1072）在其《夹注辅教篇》中引韩愈被贬潮州见大癫和尚事，称出自于《祖堂集》；北宋翰林学士张方平所著《禅源通录序》提到佛教史书，谓唐有《祖堂》等。据此，

《祖堂集》在编撰之后，至少在中国存在一百年之久才散佚。而散佚的原因主要是没有得到皇家认可，未能编入《大藏经》，从而被当作非官方版，不被各方重视。该书成书后约五十年，《景德传灯录》经宋真宗命人刊削裁定，并钦定编入《大藏经》。随后又有《天圣广灯录》等一系列禅宗史书被编入《大藏经》，刊行全国，有关大愚一次性点化义玄的说法，也就成了定案。

参看《祖堂集》以及其他书籍，有关大愚与义玄的关系，出现了以下异同：

关于大愚和义玄，绝大多数记录承认二人有师承关系，但《宋高僧传》只说义玄"参学诸方"，并不明确大愚对义玄有点拨之恩。

义玄拜谒大愚的动因不一。《祖堂集》说义玄是听了黄檗希运禅师有关大愚的介绍，自己主动去拜谒大愚。而其他各书则一致说，义玄三问希运禅师，三次遭棒，准备离寺而去，经首座斡旋、希运指点，才去高安参谒大愚。

大愚点化义玄的过程和内容不同。《祖堂集》说义玄先后拜谒大愚三次，被大愚棒喝两次，第三次又将棒喝时被义玄接住，抱倒大愚在其脊背打了数拳，从而受大愚赞可。此后义玄侍奉大愚经十余年，直至大愚圆寂。而且义玄后来临济传法，"虽承黄檗，常赞大愚。至于化门，多行喝棒"。其他各书却说黄檗禅师三次棒喝义玄，义玄仅拜谒大愚一次，且大愚并未棒喝，只是就黄檗希运对义玄的良苦用心做了点拨，义玄就此顿悟，重归黄檗处得到印可，其后与大愚再无直接往来。

斡旋义玄与黄檗希运关系的，开初各书都只称"首座""首席"，而无具体人物所指。到了《五灯会元》，明确首座就是睦州陈尊宿，即希运第一大弟子。

义玄圆寂的时间有三个，而且都精确到日。多书都载为咸通七年丙戌四月初十日，《五灯会元》载为咸通八年丁亥四月十日，《联灯会要》和《古尊宿语录》却载为咸通八年丁亥孟陬月十日。"孟陬"即一月、正月，也即是说，义玄示寂日为咸通八年正月十日。

塔号不一。多书载义玄塔号为"澄灵"，最早成书的《祖堂集》和《宋高僧传》却作"澄虚"。

二、《古尊宿语录》的记载

《景德传灯录》开始的有关大愚一次性指点义玄开悟的说法,在流传进程中最有力的佐证,要算其后约两百多年,重刻于南宋咸淳丁卯年(1267)的《古尊宿语录》一书。该书初刻时间不明,《重刻〈古尊宿语录〉序》曰:"异时有赜藏主者,旁搜广采,仅得南泉下二十二家示众机语。厥后又得云门、真净、佛眼、佛照等数家,总曰古尊宿语。"其中旁搜广采的"赜藏主",至今没有完全厘清定案。该书是一部晚唐五代至南宋初期,佛教禅僧重要的语录汇编,共四十八卷,其中临济宗行迹语录收录最多。书中"临济禅师语录之余·行录"部分,关于大愚点化义玄的过程记述,与《景德传灯录》及其后续各书的主流记载完全一致。其中《临济慧照禅师塔记》一文,以现有资料来看,当时属首次出现,至为重要。

临济慧照禅师塔记

师讳义玄,曹州南华人也,俗姓邢氏。幼而颖异,长以孝闻。及落发受具,居于讲肆,精究毗尼,博赜经论。俄而叹曰:此济世之医方也,非教外别传之旨。即更衣游方,首参黄檗,次谒大愚。其机缘语句载于行录。既受黄檗印可,寻抵河北镇州城东南隅,临滹沱河侧,小院住持。其临济因地得名。时普化先在彼,佯狂混众,圣凡莫测,师至即佐之。师正旺化,普化全身脱去,乃符仰山小释迦之悬记也。适丁兵革,师即弃去。太尉默君和于城中舍宅为寺,亦以临济为额,迎师居焉。后拂衣南迈至河府,府主王常侍,延以师礼。住未几即来大名府兴化寺,居于东堂。师无疾,忽一日摄衣据坐,与三圣问答毕,寂然而逝。时唐咸通八年丁亥孟陬月十日也。门人以师全身,建塔于大名府西北隅,敕谥慧照禅师,塔号澄灵。合掌稽首,记师大略。住镇州保寿嗣法小师延沼谨书。住大名府兴化嗣法小师存奖校勘。

(《古尊宿语录》卷五)

《古尊宿语录》成书较晚,编撰者尚不明了,为什么反而很重要呢?

上面这篇《临济慧照禅师塔记》(以下简称"《塔记》")一文,起了关键性的作用。该《塔记》末尾注明,书写者为镇州保寿延沼,校勘者为大名兴化存奖,这两位都是义玄的嫡传弟子。

镇州保寿延沼禅师,此前在各书中作"宝寿和尚""宝寿沼和尚""宝寿沼禅师",他是义玄的嫡传法嗣。后人常常会把他和另一位风穴延沼禅师(896—973)混淆。镇州保寿延沼禅师,在《全唐文》卷十二中名为"延昭",说他俗姓刘,余杭(今浙江余杭)人,唐懿宗咸通年间为镇州保寿寺沙门。各书都录有他的禅机公案,但关于其生平的介绍甚少。作为义玄的嫡传法嗣,义玄寂灭后,他在镇州(今正定)保寿寺住持,并书写了义玄的《塔记》一文。这里要提及,按照唐时"塔碑""塔铭"的惯例,文中都会明确交代撰写人、书写人,高僧大德还往往请著名文人撰写碑文,请著名书法家书写。延沼自称"谨书",并未明确自己是《塔记》的作者。《全唐文》作为清朝官修大典,直接把本篇《塔记》的作者列为延昭,应该另有依据。

风穴延沼(896—973)是对临济宗的传承发展作出过重大贡献的高僧。原法名匡沼,因后人避宋太祖赵匡胤之讳,而改为延沼。关于他的记载也不一致,一说余杭人,一说浙东处州松阳县人,俗姓也为刘。他于护国寺出家,早年各处参学,北游襄州至华严禅师处,结识南院慧顒(860—952)的弟子守廓,在守廓鼓励下前往汝州拜学于南苑慧顒,依止六年。后唐长兴二年(931)辞南院,在汝州(今河南汝州)复兴风穴旧寺,并大扬宗风。南苑慧顒是存奖的大弟子,风穴延沼是南苑慧顒的大弟子,在延沼住持镇州保寿寺的唐懿宗咸通年间,风穴延沼尚未出世。在各灯录中,对镇州保寿延沼禅师和汝州风穴延沼禅师,都很清晰地把两人作了分别的载录。

《塔记》的校勘者存奖,生世也有两说。《全唐文》收有唐公乘亿撰写的《魏州故禅大德奖公塔碑》,说他俗姓孔,是孔子后裔。七岁出家,大中五年(851)受戒,后谒临济大师义玄,得传真诠秘诀,游历诸方。最后又追随义玄,直至义玄圆寂。塔碑还明确记载他圆寂在文德元年(888),世寿五十九。这个塔碑的作者公乘亿与存奖有过交往,塔碑是受存奖弟子藏晖之托,在存奖殁后第二年所撰,具有很强的历史真实性。但在有关灯录中,存奖却有另外的生平事迹。早在《景德传灯录》中,就说存奖"后为后唐庄宗师"(《景德传灯录》卷十二),并且与庄宗有应对。到了《天圣广灯录》里,这个故事变得非常完整,存奖不仅与后唐同光帝有应对,同光帝还赐予马匹,马受惊,存奖摔伤了腿,做了个木拐子支撑行走,开堂示法,掷杖端然而逝。后唐庄宗即李存勖(885—926),唐末河东节度使、晋王李克用的长子,五代时期后唐王朝的建立者。他经过多年征战,使晋国逐渐强盛,于同光元年(923)四月在魏州(河北大名)称帝,即后唐庄宗,国号"唐",史称后唐。同年十二月灭后梁,天成元年(926)死于兵变。按照各灯录所载,存奖既然和后唐庄宗有这样一段因缘,圆寂时间应在同光三年(925)。存奖生于唐文宗大和四年(830),如此算来,存奖高寿九十五岁,与《全唐文》中《魏州故禅大德奖公塔碑》所记世寿五十九岁的出入实在太大。僧人身世比较复杂,加上门户弟子比附演绎,一人而多种记载的现象相当普遍。但如存奖所载出入之大,学界还是认为有些离奇,有的专家直接认为公乘亿所撰为真,其他记传是将存奖本人和其后嗣混淆的误载。

不管对上面两位禅师有多少异记歧见,两人系义玄嫡传法嗣却没有疑问。且两人当时一在义玄初期传法的镇州,一在义玄后期传法的大名,更增添了其互为犄角的可信度。因此,我们应当给这部书以特别的重视。

三、"当时教化全因佛,今日威拳总属君"

自《祖堂集》被重新发现后,临济史的研究出现了麻烦。学者试图将有关大愚点化义玄的两种说法混合起来,并做了相关的研究和论述。但这项工作有一定难度。其一,如果认可《祖堂集》所载大愚三次棒喝义玄的说法,那么义玄所创临济棒喝宗风的源流,就发生了变化,大愚成了其棒喝宗风的主师,黄檗希运的地位将为之逊色。且因大愚师承归宗智常禅师,临济的法系也将产生微妙的变化。其二,义玄自己称"二十年在黄檗先师处"(《古尊宿语录》卷四),这是他自己给出的在黄檗处为弟子的年限，而《祖堂集》称义玄经大愚禅师点化以后，"师因此侍奉大愚，经十余年"。（《祖堂集》卷十九）如果同时认可这两种说法，加以叠加，那么义玄在大愚和黄檗所处的今江西宜春地区，禅学活动就有三十年之久。如果认可大愚一次性点化义玄、义玄仍回到黄檗处继续从学的说法，那么义玄在宜春地区的禅学生活，仅为二十年。这是巨大的时间误差，会引发一系列史实年限的推算，因而不可漠视。

我们倾向于大愚一次性点化义玄的说法，理由如下：

其一，前面已经说过，作为义玄嫡传弟子的保寿延沼和大名兴化存奖，为《临济慧照禅师塔记》书写和校勘。而《临济慧照禅师塔记》中言"首参黄檗，次谒大愚。其机缘语句载于行录"，证明出现在《古尊宿语录》中的《临济禅师语录之余·行录》这一部分，也经过两人审阅认可，因而具有第一手资料的权威性。而《临济禅师语录之余·行录》的记载与《景德传灯录》开始的说法完全一致，即大愚系一次性点化义玄。因此，在没有充分证据揭露《古尊宿语录》一书的不可靠，或者在更权威的资料指出该书有关义玄行状部分记录的可疑性之前，我们只能视《古尊宿语录》为最可靠的一手佐证。

其二，义玄一生参访过许多禅师，他说："山僧佛法的的相承，从麻谷和尚、丹霞和尚、东土道一和尚，庐山踏石头，一路行遍天下，无人信得，尽皆起谤……如麻谷用处，苦如黄檗，近皆不得。如石巩用处，向箭头上觅人，来者皆惧。"（《天圣广灯录》卷十一）义玄称自己的禅法来源于多家，其中如黄檗是恩师，其他则为前辈，此处代指他们所创之宗门，并非一定见过其人。从"一路行遍天下"此言来看，义玄似乎都曾登其后嗣宗门拜访过，由此成为他创立临济宗的多方源头。设若义玄真的由大愚三次棒喝开悟，自己又侍奉过大愚十余年，在自己罗列这一串他曾经拜学过的禅师或钻研过的宗风名单中，单单漏掉大愚，那是不可思议的。

其三，义玄自己承认，他遭的三次棒喝来自于黄檗，而非大愚。"问：'师唱谁家曲，宗风嗣谁？'师云：'我在黄檗处，三度发问，三度被打。'"（《天圣广灯录》卷十）"我于黄檗和尚处，三度吃棒，一似等闲。如今更思渴一顿痛棒吃，阿谁为我下得手？"（《景德传灯录》卷十二）义玄这些自称，不仅证明他自认黄檗法嗣，而且证明那三棒确为黄檗所为。

相比之下，《祖堂集》虽然刊行最早，目前却处在"孤证"状态。在卷十九《临济和尚》篇中虽言"自余应机对答，广彰别录矣"，惜全书未见义玄其他更多的应机对答"别录"，无法自证。

在通信手段和媒体都不发达的古代，一桩公案在传播过程中发生变异很正常。综合而言，我们认为大愚一次性点化义玄的传统说法，相对更为可靠。但关于这个说法，各家记载也有一些差异。既然我们初步认定《古尊宿语录》的载录，经过义玄两位嫡传弟子认可，具有更高的权威性，我们就按照该书的文本，作个简单的白话翻译：

义玄当初在黄檗会下，行业纯一。首座叹道："虽然是后生，却与众人有异。"于是问义玄说："上座在这里多少日子了？"义玄说："三年了。"首座问："曾经参问师父了吗？"义玄说："不曾参问，也不知道问个什么。"首座说："为什么不去问堂头和尚，如何是佛法确凿的大意？"

义玄照此去向黄檗发问。话音未落，黄檗抬手便打，义玄退了下来。首座问："问话的情况怎样？"义玄说："在下问声未绝，和尚便打。在下不会。"首座说："还是要再去问。"义玄再度去问，黄檗又打。如此三度发问，三度被打。

义玄就对首座说："幸蒙慈悲，令在下问讯和尚。我三度发问，三度被打，自恨因缘不济，领会不了深旨，今天就告辞了。"首座说："你如果要走，须向和尚辞别。"义玄拜退。首座先到黄檗处进言："问话的那个后生，很有根器。如果他来辞别，请方便接引。将来这个年轻人，会长成一株大树，成为天下人的荫凉去处。"

义玄来向黄檗辞行。黄檗说："不用往别处去，你去高安滩头大愚那里，他一定会给你指点。"

义玄到高安拜见大愚。大愚问："什么处来？"义玄说："从黄檗师父那里来。"大愚问："黄檗有何言教？"义玄说："在下三度问佛法大意，三度被打，不知道在下有过还是无过。"大愚说："黄檗像老婆子一般心切，为你操碎了心。只为使你早日开悟，你怎么还来这里问有过无过！"

义玄听了大愚此言，顿时醒悟，说："原来黄檗佛法无多子！"大愚一把揪住他说："你这尿床鬼子，刚才还问有过无过，现在却说黄檗佛法无多子。你明白了什么道理？快说，快说！"义玄就向大愚胁下擂了三拳。大愚推开义玄说："你的师父是黄檗，非干我事。"

义玄辞别大愚，回到黄檗处。黄檗见了问道："这家伙来来去去，什么时候是了期？"义玄说："只为老婆心切。"说完侍立一旁。黄檗问："什么处去来？"义玄说："昨天奉师父您的旨意，我去参了大愚去来。"黄檗问："大愚有何言教？"义玄就陈述了拜见大愚的经过以及大愚的言辞。

黄檗说："怎么生得这么个汉子，待来日痛打他一顿！"义玄说："说什么待来日，当下就出手！"随后向黄檗挥掌而击。

黄檗道："这疯癫汉，却来这里捋虎须！"义玄便大声作喝。黄檗对侍者说："领这疯癫汉参堂去吧。"

关于这段公案，禅林有各种阐释。这里需要了解一下"文字禅"。禅宗经慧能大师及其后辈弟子们的努力，"不立文字"之风自中晚唐始，到五代、北宋初期盛极一时。北宋中叶以后，以语言活用、文字创作为实践的"文字禅"开始兴起，通过语言文字习禅、教禅，衡量迷悟和得道深浅，不同于唐中后期的禅僧生活和修行方式。文字禅始终与运用公案相结合，禅林公案因此逐步成为教禅和学禅的入禅方便。其中雪窦重显和圆悟克勤可称文字禅杰出代表。圆悟克勤的《碧岩录》被称为"禅门第一书"，其内容由雪窦重显的百则颂古和圆悟克勤的评唱组成，对各则禅林公案进行举例分析和评唱，其卷二第十一则就涉及大愚点化义玄的公案。

但文字禅虽然对禅宗文化的普世化，对传统诗艺理论的发展作出了贡献，却与禅宗"不立文字"的宗风以及禅宗本身的宗教目的有悖。《碧岩录》在禅门流行的实际效果，也与它本来的目的发生了冲突，新进僧徒通常熟记其中语句以为觉悟，忽视实修。圆悟克勤的弟子大慧宗杲对此很不以为然，他反对学人陷入文字和语录的海洋中，大力提倡"参话头"的话头禅，因此还毁了师父圆悟克勤《碧岩录》一书的刻版，"因虑其后不明根本，专尚语言以图口捷，由是火之，以救斯弊也"。（《碧岩录》希陵序）大慧宗杲焚毁《碧岩录》之举，不可能使《碧岩录》绝版，也没能遏止"文字禅"的流行。他的焚毁刻版行为,当然也不是对师父克勤的不恭,而是表明他的禅学观点:禅的生命在于"悟",需要贯彻全部生活实践,而不仅仅表现于语言文字。如果一味在文字禅的颂古、拈古、评唱中"绕路说禅",在古人公案上求禅求慧,那是弃本逐末,尽失禅门宗旨。宗杲的"焚书"之举启示我们:对于鲜活的禅林而言,高僧大德的每一桩公案,都是他们悟禅的实际体验,丰富而灵动,试图用文字把它固定下来,作出唯一完美的阐释,那将陷入误区。

因此我们并不想对大愚点化义玄的公案作出什么圆满的阐释,但为了初窥门径,粗略读懂该公案的基本意旨,我们对这一公案作一些提示。

其一,首座提议义玄向黄檗希运发出的问题,"如何是佛法的的大意"。这个提问在各灯录中出现的频率很高,也表述为"如何是祖师西来意"等。所谓佛法大意,指的是佛法之奥义、禅理之真髓。这通常是僧徒学佛修禅的最终目标,当然也是他们最为关心的问题。此问与孔门学生请教孔子的情况一样:"子贡问曰:'有一言而可以终身行之者乎?'子曰:'其恕乎!己所不欲,勿施于人。'"(《论语·卫灵公》)孔子的学生跟着老师学习,总想找到老师学问最关键的要旨。孔子的社会理想在"仁",要达到"仁"的境界,关键是推己及人,因为自己不喜欢什么,而知道别人也不喜欢什么,因而不愿意将这些别人不喜欢的事情强加到别人身上,这就是"恕"。儒学是经世济民的现实学问,因此孔子可以作出直接而终极的回答。

而禅宗的佛法大意,那是宗教至高层面的觉悟,不可能像专业知识那样,通过书本阅读或者师生传授而获得,即所谓拟议即差,动念即乖,才涉言路,便失真常,而全杖僧徒自己的修行和体悟。在僧徒尚未深刻体历、进入一定境界之时,纵使禅师口若悬河,义穷渊海,也只会流为空洞的说教。因此,禅师在回答僧徒此项提问时,通常并不直接作答,而是根据僧徒的具体情况,说一些看起来毫无逻辑联系的具体事物,有时甚至采取怪诞不可理喻的行为,让僧徒忽然陷入惊异错愕和迷茫混沌状态,目的在于当下截断问话者的言语思路,粉碎其迷情,使其正视自身,直探心源,从本心去寻觅佛法。义玄在黄檗禅师处学禅三年,已经有了相当的根基，首座也已看出他有高于常人的潜质，因此鼓励他去向师父发问。黄檗认为义玄已经不需要任何语言启示，而直接答以棒喝，并指点他去谒见大愚，应该是初步认可了义玄的行业，只是觉得他还差一些火候，需要进一步点化开示。

其二，"老婆心"。这是一桩著名的公案，来源即为黄檗希运和大愚禅师开悟临济义玄一事。所谓"老婆心"是指禅师不厌其烦教化弟子的一片真心，初期纯为褒义，后来也引申出讥讽之意。禅宗提倡"不着文字，直指胸臆"，不赞成宏论滔滔，面面俱到，把絮絮叨叨用语言或文字阐释禅理者，视如唠叨老太婆一般，称之为"老婆心"或"老婆禅"。圆悟克勤的《碧岩录》是文字禅的巅峰之作，因为拈出禅门著名公案一百则加以评唱，即被视为"老婆心"一类。紫阳山方回万里为该书作序说："然所谓第一义，焉用言句？雪窦、圆悟，老婆心切，大慧已一炬丙之矣。岷中张炜明远,燃死灰复板行,亦所谓老婆心切者欤。"（《碧岩录》方回序）意思是说：佛法最高境界哪里是语言文字能表达的？雪窦重显和圆悟克勤是老婆心切，大慧宗杲早已一把火烧了《碧岩录》刻版。现在重新刊行《碧岩录》，是死灰复燃，不正是所谓老婆心切吗？序言中明显对"老婆心"带有讥讽之意。

但是在大愚点化义玄的过程中，"老婆心"一词完全是褒义。义玄在黄檗那里修行三年，虽然到了一定境界，但毕竟还未至炉火纯青阶段，因此在三次发问、三次被打后，不解师父用意，心生疑虑，怀疑自己因缘不济，想到他山去学禅问道。黄檗却指点他拜谒大愚。大愚曾经与黄檗一起参学，彼此心有灵犀，听了义玄的陈述，直接点拨道："黄檗像老婆子一般心切，为你操碎了心，只为使你早日开悟，你怎么还来这里问有过无过！"

大愚禅修功底当与黄檗在同一层次。当义玄呈告自己的经历时，大愚并未摆出"授业解惑"的大师架势，去解答义玄向黄檗提出的关于"佛法大意"的疑问，而是突兀转折，直截了当道破了黄檗三次棒喝的用意，给义玄对师父的误解作了一个完全相反的解释。大愚的这一转折破题，强化了黄檗棒喝的用意，即学人不可执着于名相概念，而应专意于自我体悟。大愚的点拨看似远不如黄檗棒喝般威利，但此情此境，对义玄同样起到了截住话头、击碎迷思的作用。义玄在对师父的误解和持续的迷惘不振中忽然清醒过来，不仅重新认识了黄檗望才心切的"老婆心"，而且对禅法有了突然的理解，明白禅法并不高深，关键在自己当下的体悟，即刻心胸了然。此时，大愚知道义玄悟性了得，于是骂"你这尿床鬼子"，催问他赶紧说一说明白了什么。而义玄已然到达另外一层境界，不发一言，只上去给了大愚三拳。

禅师思维鲜灵，行为超越常识，师父既用棒喝办法接引弟子入境，弟子亦可采用异乎常理的方式表示自己的觉悟。黄檗三次棒喝警醒义玄，义玄得大愚点拨而开悟，为了表示自己的觉悟和感恩，同样用三拳作为回答。大愚当然理解义玄之情，说道："你的老师是黄檗，和我没相干。"意思是说这三拳报答，应该让你的师父黄檗来享受。究竟义玄打了大愚几拳，打在什么地方，也是各说。《祖堂集》言"就其背殴之数拳"，《景德传灯录》言"向愚肋下打一拳"，《天圣广灯录》言"于大愚胁下筑三筑"。但从紧接着大愚说"你的老师是黄檗，和我没相干"这一情节来看，似乎"筑三拳"更接近既开悟又感恩的场景——那是对师父三次棒喝的恩报。佛家也讲报恩，后来的僧人是这样评价此事的："先招庆和尚举终，乃问师演侍者曰：'既因他得悟，何以却将拳打他？'侍者曰：'当时教化全因佛，今日威拳总属君。'"（《祖堂集》卷十九）说义玄拳击即蕴含着感恩。义玄后来的禅法超越了师父黄檗，沩山和仰山议论此事，称义玄这也是知恩报恩。"仰山云：'只如楞严会上阿难赞佛云：将此深心奉尘刹，是则名为报佛恩。岂不是报恩之事？'沩山云：'如是如是。见与师齐，减师半德；见过于师，方堪传授。'"（《天圣广灯录》卷十）阐释了禅家对报恩的理解。依此，义玄的三拳在彰示自己开悟的同时，实含报恩之意无疑。接下来当义玄回到黄檗那里，师徒有一段近乎佯狂的对话和举动。我们循着上述思路阅读，大致可以体会到师徒二人在领悟禅法后共享快乐的情境。

当然，按照禅宗旨意，上述提示属于"拟议即差"的粗浅揣摩，只能做个小参考而已。

四、年代的粗略推断

说完大愚开悟义玄的过程，那么这场在临济宗发展史上可以称为"历史性开悟"的公案，发生在什么时候呢？这还真不好精确认定。我们只能从以下两方面大致推断其发生的年代。

其一，唐末藩镇割据，在政治、军事、经济上力图独立于中央政权之外，但在尊佛方面，却比中央朝廷有过之而无不及。在他们所辖区域，佛禅活动相当兴盛。在义玄依学黄檗而游学诸方时，他就知道了这个情况。他为黄檗送信去沩山灵佑处，相互问了僧徒情况后，"解辞沩山，仰山相送云：'汝向北去，有个住处。'师云：'岂有恁么事？'仰山云：'但去，有一人佐辅汝。此人有头无尾，有始无终。'"（《天圣广灯录》卷十）仰山说的那人，就是此时已经在镇州临济禅院的普化禅师，后来辅佐义玄传布临济宗风，先于义玄而寂。到唐武宗开始大规模灭佛、"会昌法难"来临之际，各藩镇几乎不受影响。义玄北上传法初驻的镇州，时为成德镇节度使治所，后期迁驻的魏府为魏博镇节度使治所，是拥兵割据的"河朔三镇"中的两个。成德镇王氏一族的节度使，魏博镇何氏一族的节度使，都崇佛有加，两地反而成了僧徒传法的安全地域。事实上，后来义玄在河北传法期间，还直接得到了成德镇节度使王绍懿、魏博镇节度使何弘敬的支持。

当时黄檗希运禅师因为声名日隆，得到时任钟陵（今江西进贤县）廉镇裴休的赏识，于会昌二年（842），迎请黄檗至钟陵龙兴寺。会昌五年（845），唐武宗毁佛，大中元年（847），唐宣宗即位，恢复崇佛。第二年即848年，裴休移镇宛陵（今安徽宣城县），又迎请黄檗希运至开元寺，朝夕咨对，记录其开示法语，辑为《黄檗希运禅师传心法要》和《宛陵录》。因此黄檗禅师在会昌法难前后的境遇，比之一般僧徒要幸运，但也免不了辗转反复。义玄如同其他弟子一样，在"会昌法难"的巨大政治压力下，寻求已知的更安全的河北镇州去继续弘法，应该是可以理解的选择。为了谨慎起见，我们将义玄离开黄檗北上的时间，定在会昌法难前后，即裴休邀请黄檗到进贤龙兴寺的公元842年，和裴休邀请黄檗到宣城开元寺的848年的六年期间。我国学者曾经推断，义玄在会昌二年（842）希运应裴休之邀离开黄檗山之前，到黄檗山去辞别希运，大约在会昌五年（845）前后辗转到达镇州。

但20世纪80年代由日本佛教临济宗访华团带来的《真定十方临济慧照玄公大宗师道行碑铭》（以下简称"《碑铭》"）一文却说，义玄于"唐宣宗大中八年（854），行脚至真定，住于城东南临济院。以其近于滹沱之津渡，遂以临济自名"。该文是目前唯一对义玄到达真定时间有明确记载的资料，比我国学者推断的义玄到达镇州的时间公元845年，整整晚了九年。而且这个时间还得到相关记载的有力印证：在义玄的行录中，有多处与成德镇节度使"王常侍"的机缘问答。据学者考证，"王常侍"就是当时的成德节度使王绍懿，而王绍懿担任节度使的时间在公元857年到866年，正好和义玄在真定的弘法时间大体吻合。

如果《碑铭》的记载正确（义玄于公元854年到达真定），而我国学者考订义玄于公元842年离开黄檗北上，那就意味着义玄在北上途中耽搁了十二年左右的时间。那是不是说明这两个时间一定出了问题呢？也不一定。我们前面已经引用过义玄自己所说，其禅法来源于多家，"一路行遍天下，无人信得，尽皆起谤"（《天圣广灯录》卷十一），也就是说他曾经一路拜访过多个宗门，还引发过不少的争议。各书记载，义玄在黄檗门下时曾作为信使到访过多处大寺院，但另有并非黄檗信使身份的行脚记录："师行脚时到龙光""到大慈""到襄州华严""到象田""到明化"，"到凤林""到金牛"。（《天圣广灯录》卷十一）这些记载当然还需仔细鉴别，但发生在北上期间肯定不少。如此，从离开黄檗最终到镇州，花费较长年限也并不奇怪。但为稳妥起见，我们仍然把义玄离开黄檗禅师的时间，框定在裴休邀请黄檗到进贤龙兴寺的公元842年，和裴休邀请黄檗到宣城开元寺的848年的六年期间。这样，义玄一路云游投拜诸门高僧大约费时在六年到十二年之间，可以为日后作进一步精细考证留出空间。

其二，我们前面已经提出《祖堂集》所言大愚三次棒喝义玄、义玄侍奉大愚十余年的说法不可靠，而采用义玄自己回忆"我二十年在黄檗先师处"的说法。他在拜谒大愚之前，已经在黄檗处依学三年。若义玄离开黄檗禅师的时间，在公元842年和847年之间，那么我们只要照此向前推十七年，就可以知道：义玄拜谒大愚这场临济宗史上"历史性的开悟"，应发生在唐敬宗宝历元年（825）和唐文宗大和五年（831）期间。当然这还是个跨度为六年的模糊数据。此外，《祖堂集》称义玄经大愚禅师点化以后，"师因此侍奉大愚，经十余年。大愚临迁化时，嘱师云：子自不负平生，又乃终吾一世，以后出世传心，第一莫忘黄叶（点校者注：应为'檗'）"。（《祖堂集》卷十九）且不辨义玄究竟是长期依附黄檗还是侍奉大愚的异同，《祖堂集》的这个说法，却给出了一个大愚禅师圆寂的时间：在义玄拜谒大愚后的"十余年"，即约在公元835到841年期间。

以上说法较为谨慎。如果按照我国学者的考订，把义玄离开黄檗禅师北上的时间确定为公元842年，那么我们直接可以推断，义玄到高安大愚寺拜谒大愚禅师的时间为公元825年，大愚禅师的圆寂时间在公元835年。本书《大愚禅寺沿革和大事记》采用此说法。

五、临济宗风简述

义玄后来离开黄檗希运，前往河北镇州临济院，又在河北一地辗转传法，创立了禅门五宗中影响最大的临济宗。关于临济宗的宗风和宗旨，各家归纳不一。为了有助于读者的了解，我们参考各家所言，简略概括如下：

就本体论而言，义玄认为心即一切。他说："道流，心法无形，通贯十方。在眼曰见，在耳曰闻，在鼻嗅香，在舌谈论，在手执捉，在足运奔。本是一精明，分为六合一。一心既无，随处解脱。"（《天圣广灯录》卷十一）以此为立脚点，义玄继承了禅宗一贯的、经六祖慧能阐扬、至马祖道一光大的"即心即佛、心外无佛"的观念。说"你要与祖佛不别，但莫外求。你一念心上清净光，是你屋里法身佛。你一念心上无分别光，是你屋里报身佛。你一念心上无差别光，是你屋里化身佛"。（同上）因为心即一切，即心即佛，所以义玄把自己的禅法直接称为"心法"，说"云何是法？法者是心法"；"道流，山僧说法，说甚么法？说心地法，便能

入凡入圣，入净入秽，入真入俗"。（同上）

在佛教发展史上，义玄的心法，把佛教四大皆空的般若智慧和寂静虚无的涅槃境界发挥到了新的高度。佛教以"四大"即地、火、水、风及其所生为世间之"色"，而色即是空，空即是色。义玄以达到"四大如梦如幻"之境，断绝一切色相求索为修禅极致，阐述学人应达臻四种无相境："你一念心疑，被地来碍；你一念心爱，被水来溺；你一念心嗔，被火来烧；你一念心喜，被风来飘。"（《天圣广灯录》卷十一）又说："你一念心疑处是佛魔。你若达得万法无生，心如幻化，更无一尘一法，处处清净，是佛。"（同上）以此为追求之最高境界。义玄强调学人要自主自信，建立"真正见解"。他认为在求法过程中，一切名相都是外在障碍物，世世诸法，都只有空名，连菩萨罗汉都是束缚人的枷锁，如果盲目崇拜、五体投地，学人便失去了自己。"尔若求佛，即被佛魔摄；尔若求祖，即被祖魔缚；尔若有求皆若，不如无事。"（同上）用教义本身推导出对佛祖、佛法和一切名相的舍弃，这是义玄的大胆突破。

义玄的呵佛骂祖，就是建立在这样的认识基础之上。在义玄之前，禅宗各派中已出现呵佛骂祖的行为和举止，但到了义玄那里，呵佛骂祖、蔑视经典成了整个临济宗的特色之一。义玄说："三乘十二分教，皆是拭不净故纸，佛是幻化身，祖是老比丘。"（《天圣广灯录》卷十一）为了强调彻底的空幻无执着观念，义玄呼吁："道流，尔欲得如法见解，但莫受人惑。向里向外，逢着便杀，逢佛杀佛，逢祖杀祖，逢罗汉杀罗汉，逢父母杀父母，逢亲眷杀亲眷，始得解脱，不与物拘，透脱自在。"（同上）他强调学人不要受任何权威六亲诸人迷惑，不论是向里还是向外，逢到执着的东西，一律破除，方能解脱出来，身心自在，自明自觉。

许多人很难理解临济宗上述宗旨，甚至发出了佛教在发展中走向了自己对立面的感慨。但我们认为，从根本上来说，义玄的主张并没有离经叛道。首先，佛教认为大千世界诸行无常，万法皆空，人因为没有觉悟，被"贪嗔痴慢疑"五毒侵蚀，执着于诸法色相，从而苦恼不尽。只有向佛修行，清除五毒，破除对诸法和自我的一切执着，走向觉悟涅槃，才能脱离苦海。学人拜佛念经、学禅持戒到了一定层次后，如果仍然认为佛祖和佛法是绝对真实的永恒存在，念念执着于兹，又如何最终放空解脱，进入寂静虚无的涅槃境界？因此，义玄貌似偏激的议论，实际上是对佛教真谛的直接阐述。其次，义玄所言是以禅修深度作为坚强基石的。义玄早年精研佛教经律论三藏，在黄檗禅师处苦修二十年，又四处游方，遍参各门高僧，积累了丰厚的学识功底。他阐发的境界，乃厚实积淀中萌生出来的极高的般若智慧，没有一定根基之人，无法真切体悟。后人早有评价，认为临济宗是对上等根器学人的接引之法，对一般根器浅的人并不合适。北宋大诗人、书法家黄庭坚论及临济宗旨，把临济高师与僧徒的接引传承，比喻为胸襟阔大而手段高超的汉高祖刘邦，收伏攻城略地将才卓越的韩信，相当贴切。在《临济录·镇州临济慧照禅师语录》中，义玄说得很明白："夫大善知识始敢毁佛毁祖，是非天下，排斥三藏教，骂辱诸小儿，向逆顺中觅人。"因此，我们不可断章取义，或言义玄离经叛道，或误以为不必禅修苦功，只要呵佛骂祖、杀伐一切就可以学得佛禅真谛了。

　　在修行观上，义玄继承六祖慧能的顿悟之法，并且大力弘扬马祖道一即心即佛、任心为修、平常心是道的观念，说："佛法无用功处，只是平常无事，屙屎送尿，着衣吃饭，困来即卧。"又说："无事是贵人，但莫造作，只是平常。你才拟心，早是错了也。"（《天圣广灯录》卷十一）义玄反对一味坐禅，他说得不太中听："你言六度万行齐修，我见皆是造业。求佛求法，即是造地狱业。求菩萨，亦是造业。看经看教，亦是造业。佛与祖师是无事人，所以有漏有为，无漏无为，为清净业。有一般瞎秃子，饱吃饭了，便坐禅观行，把捉念漏，不令放起，厌喧求静，是外道法。"（同上）这和慧能、马祖的主张完全一致，只是义玄说得比较极端而已。

　　关于接引学人的方法，义玄有四宾主、四照用、四料简、三玄三要之说。禅林对临济宗风的概括相当精辟："临济宗者，大机大用，脱罗笼，出窠臼。虎骤龙奔，星驰电激。转天关，斡地轴，负冲天意气，用格外提持，卷舒擒纵，杀活自在。是故示三玄、三要、四宾主、四料简、金刚王宝剑、踞地狮子、探竿影草、一喝不作一喝用、一喝分宾主、照用一时行。四料简者：中下根人来，夺境不夺法；中上根人来，夺境夺法不夺人；上上根人来，人境两俱夺；出格人来，人境俱不夺。四宾主者：师家有鼻孔，名主中主；学人有鼻孔，名宾中主；师家无鼻孔，名主中宾；学人无鼻孔，名宾中宾。与曹洞宾主不同。三玄者：玄中玄、体中玄、句中玄。三要者：一玄中具三要，自是一喝中体摄三玄三要也。金刚王宝剑者：一刀挥尽一切情解。踞地狮子者：发言吐气，威势振立，百兽恐悚，众魔脑裂。探竿者：探尔有师承无师承，有鼻孔无鼻孔。影草者：欺瞒做贼，看尔见也不见。一喝分宾主者：一喝中自有宾有主也。照用一时行者：一喝中自有照有用。一喝不作一喝用者：一喝中具如是三玄、三要、四宾主、四料简之类。大约临济宗风不过如此。要识临济么，青天轰霹雳，陆地起波涛。"(《人天眼目·临济门庭》)

四宾主，是师徒问答试探双方禅学功底，主为禅师方，宾为参学方。宾看主，指参学者悟而师家不悟；主看宾，指师家悟而参学者不悟；主看主，指师家与参学者俱悟；宾看宾，指师家与参学者俱不悟。这种不拘一格的师徒关系，有利于在活泼气氛中相互启发提示。

四料简，亦作四料拣，是按照学人不同的学业根基，采取的四种接引方法。佛教认为"我"为因缘和合假象，并无真性实体。世人执着于"我"即"我执"，便产生谬误烦恼，破除"我执"称为"夺人"。佛教中的"法"为宇宙万物现象，刹那生灭变化，世人执着于"法"即"法执"，就会妨碍对佛法真谛的解悟。摈弃"法执"称为"夺境"。夺人不夺境，即重我执者破其我执；夺境不夺人，即重法执者破除法执；人境俱夺，即执我执法者两执都破；人境俱不夺，即不执我不执法者则不破。

四照用可视为四料简的补充。"照"指对客体的认识，"用"指对主体的认识。佛教认为一切主客体均为虚幻，应予以破除。四照用即根据参禅者对主客体的不同认识，所采取的四种教授方法。先照后用——对"法执"重者，先破除客体实有观念；先用后照——对"我执"重者，先破除主体实有观念；照用同时——对我、法二执均重者，同时破除；照用不同时——对于我、法二执均已破除者，便可随机接引。

三玄三要是禅师为参学者破执的方法，宗旨在破除参禅者的"我执"和"法执"，着重关注语言文字的局限性，要求诱导参学者去体悟言外之意、言外之境。"僧问：'如何是第一句？'师曰：'三要印开朱点窄，未容拟议主宾分。'曰：'如何是第二句？'师曰：'妙解岂容无著问，沤和争负截流机。'曰：'如何是第三句？'师曰：'看取棚头弄傀儡，抽牵都藉里头人。'"（《景德传灯录》卷十二）义玄总结其宗风有三句话，每句含三玄，每玄又包含三要。第一句言禅师接引学人，未容对方思量多言，即应分出主宾，使自己居于主位。第二句言主位之人应采用方便法门，言语蕴含妙解，经得住各种疑问。第三句言主宾答问犹如提牵木偶，主人随机接引，操控得法，木偶自能表演自如。"三要"配合"三玄"，着重指出言语重点为：摒弃一切客观事物，着重在破相上下功夫；不执着于语句，灵活应用；随机接引，即使有言，亦须超越肯定、否定等具体形式。

然而义玄所倡宗风，棒喝更显特征，以至于大多数人通过"棒喝"来初步认知临济宗风。棒喝并非义玄创造，但他将其发挥到了极致。临济确实棒喝并用，但尤以"喝"著称，世人有所谓"德山棒""临济喝"之称。义玄自称喝有四种效用。第一喝为发大机之喝，学人拘于名相言语时用之，犹如宝剑截物一般。第二喝为大机大用之喝，若修禅者为测度师家，来呈小机小见时，震威一喝，有如狮子咆哮，振聋发聩。第三喝是师家为了勘验学人的修行，或者学人为了测试师家时所用，为勘验之喝。第四喝即是高层次之喝，收摄前三喝。对迷执更重、施喝已无用者则施棒，当头一棒，醍醐灌顶。

综合而言，如同义玄自己所承认的，他的棒喝宗风主要来源于黄檗希运。但大愚的点化给了他另外的意味，在刚猛的棒喝中，多了几分婉转的层次。故当时沩山曾经举大愚点化义玄一事问仰山："临济当时得大愚力？得黄檗力？"仰山回答说："非但骑虎头，亦解抵虎尾。"（《古尊宿语录》卷五）这是公允的评价。义玄自己宣称其佛法并不单一来自于黄檗禅师，期间还传承着麻谷和尚、丹霞和尚、道一和尚等等的禅风，作为一代大师，广采众长当在情理之中。但是由他的嫡传弟子镇州保寿延沼书写、大名兴化存奖校勘的《临济慧照禅师塔记》却着重指出："首参黄檗，次谒大愚。"由此可见，在义玄的师承关系中，大愚占有重要地位，这是毋庸置疑的。

了然尼师

唐代比丘尼,生卒年不详,高安大愚禅师法嗣,末山天竺峰下上定林院住持。在她住持上定林院期间,义玄弟子灌溪志闲禅师曾前来与她机锋对决。末山尼机锋凌厉,灌溪志闲膺服,在上定林院管理菜园子三年。后离开了然尼,住持灌溪寺。

一、"诸佛妙理,非关文字"

为有助于对了然尼的了解,我们先对唐后期之前的比丘尼制度变化,作个简单的介绍。比丘尼,俗称尼姑,梵文作 Bhikkhuni,亦称苾雏尼、比呼尼、沙门尼等。按照规戒,女子满二十岁出家,受了具足戒,即称比丘尼。《大爱道比丘尼经》记载,佛陀的姨母摩诃波阇波提(大爱道)誓守八敬法,被允许出家受戒,开了比丘尼出家先河。

佛教传入我国后,女众可以学佛,但因未建立尼众受戒制度,故无法成为比丘尼。南北朝梁代的宝唱撰《比丘尼传》,载录了晋、宋、齐、梁四朝六十五位著名的比丘尼。据卷一"晋竹林寺净捡尼传一"述,洛阳竹林寺的净捡,为中国第一个削发受戒的比丘尼。

净捡俗姓仲,名令仪,彭城(今徐州)人,少好学,早寡家贫。西晋愍帝建兴年间,高僧法始到洛阳宫城西门建寺弘法,令仪前往听法大悟,借阅研习经典,通晓了佛法要领,遂向法始提出:"佛经说,出家男众称比丘,女众称比丘尼,弟子愿度为比丘尼。"法始说:"西域僧团有男、女二众弟子,我们尚不具备这样的法度。"令仪说:"经籍上既以比丘、比丘尼并称，难道法有不同？"法始说："西域沙门说，比丘出家仅有二百五十戒，而比丘尼出家有五百戒，（注：这是说比丘尼具足戒之概数，其实是三百四十八条戒律。比丘戒律约两百五十条，其重戒为四，比丘尼重戒为八，是比丘戒之两倍数，故而略称比丘尼有五百戒）差别就在这里。此事我得去问智山和尚。"智山和尚指点说："尼戒和僧戒大同小异，但在我国没有比丘尼戒法，不能受戒，尼众可先从比丘大僧处受持十戒。但是没有长老，比丘尼无所依止。"令仪随即"剃落从和上受十戒"（《比丘尼传》卷一），得法名净捡，和志同者二十四人，于宫城西门共立竹林寺为佛修之地。寺中没有长老尼姑，尼众都向净捡讨教，净捡"蓄徒养众清雅有则，说法教化如风靡草"。（同上）此为中国尼众寺院之发端。

东晋成帝咸康年间，僧建和尚从月氏国带回《僧祇尼羯摩》及《戒本》，并译成汉文。晋穆帝升平元年（357）二月八日，洛阳一地邀请梵僧昙摩竭多设戒坛，接引尼众受戒。沙门释道场的法师依据《戒因缘经》戒律条文，责难昙摩竭多设坛，不符"二部僧受戒"法。昙摩竭多遂浮舟泗河之上，设戒坛为净捡等四人授具足戒。"晋土有比丘尼亦捡为始也"（《比丘尼传》卷一）。东晋有比丘尼从净捡开始，净捡同时也成了中国第一位受具足戒的比丘尼。

根据《比丘尼传》所载，当时的尼众来源不尽相同。其中多数出身于士大夫家庭，有一定的文化，出家后出入宫庭幕府，为帝王后妃官员所供养。但也有一部分出身于普通家庭，因为受到封建婚姻制度的压迫，不堪忍受而出家。后来的尼众结构即按照皇家内廷和社会民间两个方向发展。

朝廷的内道场制，经过长时期的酝酿演变，至唐代定型。内道场为唐代皇家佛教最重要的制度之一。请住内道场多为高僧，职责是译经讲法、替国家禳灾祈福、为皇帝嫔妃授戒等。由于内道场为皇家专属场所，服务对象是皇室成员，其特点为封闭性和事务性。而住持的高僧受性别身份限制，无法长住宫廷内禁。因此在内道场，内尼为主要成员。内尼除了自愿出家的官宦子女外，主要来源于先帝遗嫔、打入冷宫的嫔妃、普通宫人、因罪没入官府的奴婢。唐太宗驾崩，悉令后妃嫔御无子者出家为尼，朝廷为此在内廷建立了多所尼寺，以供内尼使用。内尼亦可受具足戒，成为比丘尼。

除了皇宫内道场以及皇家专置的尼寺拥有大量特殊身份的女尼外，社会普通妇女加入僧尼队伍也很兴盛。据《新唐书》卷四十八《百官志》"崇玄署"所载，当时统计，全国有寺院五千三百五十八座，在籍的僧众有七万五千五百二十四人，尼众有五万五百七十六人。由此可见当时妇女进入佛修行列的热情，不亚于男性。因佛教认为女人障重，女性出家戒条特别多，比男性有更严格的限制，依《四分律》所载，比丘须守二百五十戒，比丘尼则须守三百四十八戒。如此的门槛，仍然挡不住女性出家的意向，原因也是多方面的。唐朝从上到下浓厚的崇佛气氛，必定孕育无数的善男信女，僧尼队伍中真正崇信佛教的人不在少数。但因为寺院不承担赋税，在籍僧尼可免徭役和兵役，故"假称入道，以避输课"的现象，早在唐以前就普遍存在。北魏孝文帝就曾根据这个情况，下令整顿僧尼籍账，剔除假称入道者。唐朝对僧尼也有严格的管理制度，设有数年一报的僧尼籍账制度。在各种原因综合影响下，虚挂名籍、权隶他寺、侍养私门的情况肯定难免。因此官方统计的数字不一定准确，但寺院里有大量的尼众，却是不争的事实。

禅宗对于尼众的接纳，依循了佛教的本规，同时还与六祖慧能大师的宽博胸怀有关。慧能在求法成道的过程中，曾经与一名女尼无尽藏（？—676）有过一段公案。关于这个故事的记载，《六祖坛经》与各家记载有较大的差别。我们先看《五灯会元》的记载。六祖慧能大师，三岁丧父，家境贫寒，靠打柴为生。有一天到集市中，听到有客人诵读《金刚经》，读到"应无所住而生其心"，慧能忽然心有感悟，问客道："此何法也，得于何人？"客答曰："此经名为《金刚经》，得于黄梅（今湖北黄梅）弘忍大师。"慧能马上向母亲陈述了为法寻师之意，离家一路直抵韶州，遇到高士刘志略，结为好友。尼姑无尽藏是刘志略的姑姑，时时诵读《大涅槃经》。慧能一听就知妙旨，给她解说经义。无尽藏拿着书向他问字。慧能说："字不认识，经义尽管问。"无尽藏说："字都不认识，怎么领会经义？"慧能却说："诸佛妙理，非关文字。"无尽藏十分惊异，告乡里尊老说:"慧能是有道之人,宜请供养。"于是,众人竞来瞻礼。附近有宝林古寺旧地,大家商议修缮后供慧能居住,四众云集,很快修成了宝坊。慧能某日忽然自语道:"我求大法,岂可中道而止?"马上辞行,到乐昌县西山石室间遇智远禅师,向智远讨教。智远说:看你神姿爽拔,绝非常人。我听说西域菩提达磨传心印于黄梅,你应当到那里参决佛法。慧能于是辞别智远,直接造访黄梅之东山,时在唐咸亨二年(671)。弘忍大师一见慧能,默而识之,后来传衣法于慧能。这段记载,说慧能与无尽藏相识讲法在先,而后再去黄梅投拜五祖弘忍。其他如刊行更早的《嘉泰普灯录》《宋高僧传》也采用这一说法。

这个故事后来成为禅宗著名的公案,后人给了各种充满禅意的阐释。慧能说"诸佛妙理,非关文字",佛理为天上明月,文字只是指月的手指,手指可指出明月之所在,但手指并非明月。以此喻示文字所载佛法经文,均为指月手指,明月才是佛理所在。禅宗主张不立文字,直指胸臆,认为一切言教均为示机方便而设,乃成佛路径和方法,如以手指指月,让人因指而见月而已。明人瞿汝稷集录自七佛至宋大慧宗杲之间禅宗传承法系六百五十人的言行传略,即承此意,名书为《水月斋指月录》,简称《指月录》。

在《六祖坛经》中,故事情节稍有变动,舍去了拜访智远禅师一节,最大的变动是把慧能与无尽藏的故事,放在了慧能从五祖弘忍那里得受衣法之后:"师自黄梅得法,回至韶州曹侯村,人无知者。有儒士刘志略,礼遇甚厚。志略有姑为尼,名无尽藏,常诵《大涅槃经》。师暂听,即知妙义,遂为解说。尼乃执卷问字。师曰:'字即不识,义即请问。'尼曰:'字尚不识,焉能会义?'师曰:'诸佛妙理,非关文字。'尼惊异之,遍告里中耆德云:'此是有道之士,宜请供养。'有魏武侯玄孙曹叔良及居民,竞来瞻礼。时宝林古寺自隋末兵火已废,遂于故基重建梵宇,延师居之,俄成宝坊。师住九月余日,又为恶党寻逐。师乃遁于前山,被其纵火焚草木。师隐身挨入石中得免。石今有师趺坐膝痕及衣布之纹,因名避难石。师忆五祖怀会止藏之嘱,遂行隐于二邑焉。"

关于这些记载的异同,业界有过许多辨析。《六祖坛经》是中国本土佛教禅宗唯一列入"佛经"的典籍，虽然也曾经过历代僧人多次整理，但其权威性已被广泛认可。因此一般在叙事中，都采用此一说法。不管哪一种说法，六祖慧能对女众学禅完全持肯定开放态度是没有疑问的，这就为禅宗接引女众入禅开放了门户，提供了榜样和规范。

据说，无尽藏尼后来云游到江西赣州境内建庵隐修。唐高宗上元三年（676）圆寂前，嘱身边玄机尼前往曹溪找六祖。六祖命职事僧即赴赣州，迎请瓮所藏无尽藏尼真身，选宝林寺侧幽静处，建无尽庵，设龛供奉观音大士法相以及无尽藏尼真身，由玄机尼住持。从这时候开始，曹溪禅门女众都尊奉无尽藏庵为祖庵。无尽藏庵如今属南华寺，位于南华寺右侧，为目前广东省内最大的尼姑庵。

二、"非男女相"

末山了然尼，在晚唐至两宋禅宗各灯录中，是少见的身任寺院住持的女尼。她的生卒年均无可考，各书明确称其为高安大愚禅师法嗣。至于了然尼何时投于高安大愚禅师门下、在真如寺拜学多少年、何时离开大愚师自立门户，现在也无从查询。但说明那时的高安真如寺，如同全国的寺院一样，对女众是开放的。也证明唐朝的尼众可以和僧人一样，到寺院学佛修禅，接受高僧的指点。经师父印可后，可以自立门户，住持寺院，开席说法。此外，灌溪志闲禅师在和了然尼斗机锋而膺服后，居上定林院管理菜园子三年，说明上定林院亦非专门的尼众寺院，对男女信众亦一并开放。

了然尼在获得大愚禅师印可后，选择了今江西上高县末山天竺峰下的上定林院，作为自己住持之地。上定林院的寺名，可能与高安的定林院有瓜葛。同治《高安县志》载高安曾有寺称定林院，高安位处锦江下游，末山所处在锦江上游今上高县，在末山的定林院前面加一"上"字，是地理位置写实，同时可以将两寺加以区别。上高县有两大山脉，其中一脉称末山，去上高县城西南三十五公里。末山风景秀美，其绝佳处为九峰，绵延近十公里，最高处名云霄岭，周边环绕九峰各具特色，分别称香炉峰、天竺峰、云末峰、峨嵋峰、清流峰、飞云峰、翠霞峰、苍玉峰和芙蓉峰，历史上曾经一度成为旅游、礼佛两相宜之地，有"小九华山"的美誉，可见了然尼的选择是认真思考过的。然而，就在如此幽僻而安谧的山湾里，居然有人打破宁静，径直闯上山来，要和了然尼争个高下。这个僧人正是临济义玄的弟子灌溪志闲禅师。

灌溪志闲禅师是在什么时候到的末山，各灯录没有说明，我们只能依据现有资料，从其他相关人物中寻找一些蛛丝马迹。《天圣广灯录》卷十三对灌溪志闲的记载是这样的："鄂州灌溪志闲禅师，魏府馆陶人，俗姓史氏。弱冠依临济出家。受具毕。一日，临济见来，遂住。师云：'领也。'济便拓开云：'且放汝一顿。'师离临济至末山。"

临济义玄最早北上传法在镇州（今河北正定）临济院，后来转到了魏府（今河北大名）兴化寺，并在那里坐化。上面的记载说灌溪志闲是魏府这个地方的人，二十岁跟着义玄出家了。受了具足戒以后，又得到义玄具有临济特色的喝止开悟，然后离开义玄，前往今江西上高县的末山。

从字面意思来看，灌溪离开义玄时，义玄还活着。为什么这样说呢？其一，文中的"临济"明确为义玄名号，指代义玄本人，是喝止开悟这一行为的主语。其二，倘若灌溪志闲离别一事发生在镇州，因为义玄在那里住持的寺院叫临济院，"师离临济至末山"这句话，可以理解成灌溪志闲离开临济院，然后去末山，与义玄本人是否在世无关。但离别一幕发生在魏府一地，此处"临济"不可能指镇州的临济院。说"师离临济至末山"，当然指灌溪离开义玄去末山，而不是指离开临济院去末山。既然是离开义玄去末山，那义玄还活着就不存在疑问了。义玄在公元866或867年圆寂，我们可以推断，灌溪志闲禅师离开义玄南下末山的出发时间，最晚不会超过867年。灌溪志闲禅师究竟何时到达末山，的确无据可查。看各灯录对灌溪早期活动记载还有不同，如《五灯会元》说他"幼从柏岩禅师披剃受具，后见临济"。（《五灯会元》卷十一）但各方"师离临济至末山"一句却相当一致。这表明灌溪处于目标单一状态，直奔末山而来，中途没有作过多的参游。后来灌溪宣称自己的禅法一半来自义玄，一半来自了然尼，足证其南下末山行程单一，心无旁骛。如此看来，说灌溪到达末山的时间在867年之后不久,应该没有大的误差。

了然尼住持的末山天竺峰下上定林院,现今把它指认为江西省上高县现存的九峰寺,这可能不一定准确。现存的九峰寺,最早为南平王钟传①(约847—906)故宅,后来钟传将此宅捐建为宏济寺。唐昭宗天复年间,改宏济寺为"崇福禅寺"。

灌溪志闲禅师是临济祖师义玄的弟子,圆寂在唐乾宁二年(895),他和了然尼机辩后,又在上定林院管菜园子三年。以此可以推断,哪怕灌溪志闲禅师离开上定林院当年示寂,他与了然尼的辩论,最晚也只能发生在公元892年。南平王钟传是在唐昭宗乾宁年间(894—898)才把故宅捐建为寺,寺名为宏济寺,且记载明确其开山祖师为洞山良价法嗣普满禅师,继任为大觉道虔禅师。如此,灌溪志闲和了然尼机辩的时候,宏济寺还没有建立,了然怎么可能住持宏济寺与灌溪志闲面斗机锋呢?我们前面已经判断灌溪志闲来末山应为公元867年前后,事实上,各灯录载灌溪志闲是在到末山拜学了然尼后,才去往灌溪寺出任住持开席讲法,足证他和了然尼机辩发生的时间还在更早时期,和南平王钟传捐建的宏济寺,即后来的崇福禅寺、如今的九峰寺不可能发生任何交集。

然而上定林院和宏济寺两个寺院,都在末山九峰范围之内,在寺院历代兴废过程中,后人逐渐将它们混淆起来,这属于正常情况。如今九峰寺被誉为禅宗女众禅院,其实也是演变而来。比如著名的临济宗杨岐派创始人方会,就曾在崇福禅寺落发为僧。据《宜春禅宗志》载,直到康熙十年(1671),还有洞山灵石和尚住持修葺弘法,证明今天的九峰寺并非历来就是女众禅院。但佛寺本身在不断兴废、归并演变,在当今佛

---

① 钟传(约847—906),今上高县(唐末属高安境)田心乡视头村人。年少时以勇毅闻于乡里。某日醉遇猛虎,勇力与猛虎相缠,家人挥剑斫虎方以得免。唐乾符元年(874),黄巢起义爆发,上高慈光洞等处聚集避难百姓,因其以搏虎闻名,被众推为首领。乾符四年(877)起兵于末山,因有九峰山故宅。后移寨华林山,自封高安镇抚使。黄巢起义军遣兵攻抚州,抚州难以坚守。钟传领兵入驻抚州,上言朝廷,获封抚州刺史。中和二年(882),唐僖宗封其为镇南节度使、检校太保、中书令,赐爵颍川郡王,不久改南平郡王。钟传崇佛,微贱时曾受高安上蓝山和尚令超禅师礼遇。中和二年,钟传奏请在洪州建报国上蓝寺,迎令超禅师住持。唐昭宗乾宁年间(894—898)把原在九峰山的故宅捐建为宏济寺,后改崇福寺。

寺复建过程中，发掘和继承一地的佛禅特色，阐扬传统文化，本身无可非议。

下面我们根据各灯录记载，就了然尼和灌溪志闲禅师的机锋对决作个简单的阐释：

灌溪志闲是义玄门下高徒，禅风峻烈，到末山时当然还未成气候，但上门即扬言："如果功德相当就让你继续住持，不然就把你的禅床推倒！"并且直入堂内。通过其气势可窥其禅风之刚猛。了然并不马上出场，而是让侍者先探究竟："上座是为游山而来，还是为求佛法而来？"这个未见先问有讲究。就实处而言，末山九峰为旅游佳地，平日必有来此游览者，叩寺问景亦不奇怪。如果是声势张扬的游客，则无需住持了然出面。如果是前来拜学问禅者，则参禅者修为层次不同，接引方法当有差别，这正是临济宗接引学人所谓"四宾主""四料简"各法的要旨。当然，了然尼当时可能还不清楚义玄所创临济要义，但她作为大愚的弟子，禅法通透，对学禅之人所达修禅境界自揣得出分量，因此这一问乃以石投水，测水深浅。当灌溪回答"为佛法来"时，了然即刻知道了他的来意及禅学深度。当初六祖慧能初拜五祖弘忍，弘忍当头问："从哪里来？有何所求？"慧能回答："从新州来，来求作佛。"此乃实相初境。而当弘忍问："汝是岭南人，又是獦獠，若为堪作佛？"慧能曰："人虽有南北，佛性本无南北。獦獠身与和尚不同，佛性有何差别？"（《六祖坛经》）那才显出慧能卓然的境界。

掌握了灌溪的禅学层面，了然便胸有成竹，升堂发问："上座，你今天是离开哪儿而来？"此问充满禅机，既符合初见来访客僧的寒暄客套，又提醒灌溪，无论身处何时何地，学禅要时刻莫忘本心本源。灌溪回答说："路口。"如此虚悬的表述，既想考验了然的智慧，同时也表明自己前来拜谒的目的：学禅仍在路口，正望指点。了然一听，当头一句："那你怎么还不把它盖上？"了然的应答的确高明：灌溪言"路口"，与"露口"谐音（《祖堂集》载灌溪回答"露口来"，已然披露禅机），了然问他何不盖上，顺势而接，同时直接用提问作出开示：佛法在心，即在路口当下；禅法体验奥妙自得，不假语言"露口"。灌溪当然具备领悟力，一听就明白了了然的根基，于是心境初平，上前施礼。

灌溪尚未完全服气，似乎对了然的尼师身份存有异议，接着发问："什么是末山？"了然作答："末山就是不露顶。"此答玄深莫测，切莫放过，这是在告诉灌溪：末山之禅藏而不露；佛法玄界，永无止境。灌溪发出心头疑问："什么是末山之主？"他要看了然如何应对自己的尼师身份。了然平静地答道："非男女相。"灌溪使出临济本色，把机辩推向高峰，喝声问道："何不变去？"了然坦然应对："不是神，不是鬼，变个什么？"了然身为女相，但她知道，禅超越时间空间，超越外表诸相，佛法之下，僧尼平等。自己已入佛禅之门，即如其他比丘一般修禅弘法，堂堂正正，非神非鬼，还有什么可变？灌溪执着于尼师女相，实非透彻禅观。到了这个程度，灌溪志闲不得不服，于是老老实实在上定林院管了三年菜园子。

很多人把灌溪与了然的机锋对决，视作灌溪抱有敌意而来，有推翻和夺取了然住持禅床之势，而了然逢机化解，保持了自己的尊位。这是误读。试想，灌溪志闲是义玄的弟子，义玄传承于黄檗禅师，但同时受大愚禅师点化，而了然尼又是大愚的弟子。就门户而言，了然尼和义玄可谓师出同门；就师承关系而言，两人同辈，都是灌溪的师父辈。在临济义玄那里拜学多年，灌溪对这层因缘不可能茫然无知。灌溪受过长期佛禅训教，又得义玄亲授，已是有道之僧，怎么可能起觊觎师位之恶念？我们认为事实恰好相反，灌溪完全清楚了然尼和义玄的同门同辈师父身份，也一定记得大愚的先师之恩。他从河北临济义玄师那里出发，千里迢迢，风尘仆仆赶到江西上高末山，是想在受了义玄教诲后，再接受同门师辈了然尼的指点。这就可以解释为什么灌溪"师离临济至末山"，目标和行程单一，直奔末山，也可以解释为什么他在机锋对决后立马心悦诚服，甘愿侍奉三年。这一点，他后来住持灌溪寺院、上堂讲法时说得很清楚："我在临济爷爷处得半杓，末山娘娘处得半杓，共成一杓。吃了，直至如今饱不饥。"（《五灯会元》卷十一）严格说来，灌溪等于承认自己乃了然尼半个法嗣，称其为大愚三代传人也不为太过。至于他上场气势汹汹，考验探测了然尼禅学根基的那些言行，则是临济宗风和他本人一贯刚猛禅风的正常宣示。他的性情无比鲜活，即便是圆寂关头，表现也非同寻常："问侍者曰：'坐死者谁？'曰：'僧伽。'师曰：'立死者谁？'曰：'僧会。'师乃行七步，垂手而逝。"（同上）生命如此蹦荡，当初直撞了然山门有何奇怪。如果灌溪上门姿态言行一派柔和，那不符合其行禅作为，也就不成其为灌溪志闲禅师了。

　　灌溪志闲禅师后来去灌溪寺担任住持，这也是他称呼的由来。关于灌溪寺的具体方位，各家说法不同。《祖堂集》言："灌溪和尚嗣临济，在潭州（今长沙一带）。师讳志闲。"（《祖堂集》卷十九）而《天圣广灯录》则明确记为"鄂州（今湖北鄂州市）灌溪志闲禅师"。或许两地都曾有过灌溪寺，志闲禅师先后出任也说不定。如果按照有关灌溪志闲的记载来看，灌溪寺似应在湖北。"师会下有僧去参石霜。石霜问：'从什么处来？'僧曰：'灌溪来。'霜云：'我南山不如他北山。'僧无语。僧回，举似师。师云：'何不道灌溪修涅槃堂了也？'"（《天圣广灯录》卷十三）石霜即石霜庆诸禅师，他所住持的著名的石霜寺在今湖南省浏阳市区域。石霜说灌溪寺是北山，自己的寺是南山，地理方位完全正确。而如果按照《祖堂集》的说法，灌溪寺在长沙一带，那和浏阳的石霜寺纬度基本平行，石霜寺在东，而灌溪寺在西，石霜似不应该以北山、南山为喻。可见至少在这一时期，灌溪志闲应该在湖北住持灌溪寺。

　　回看了然尼关于"非男女相"的回答，充满了一个尼师对自己禅法功底的满满自信。唐朝虽然普遍崇佛，女众与男性有一样的佛禅修习权利，但在男性住持高僧林立的社会背景下，了然的自信依然难能可贵。事实上，和灌溪同样对女尼担当住持有一定偏见的禅师亦非个案。幽州谭空和尚就有这种倾向："有尼欲开堂说法，师曰：'尼女家不用开堂。'尼曰：'龙女八岁成佛又作么生？'师曰：'龙女有十八变，汝与老僧试一变看。'尼曰：'变得也是野狐精。'师乃打趁。"（《景德传灯录》卷十二）同时，女信众本身的自信心也存在问题。许多高僧都曾和尼师有过交集，例如义玄大师的恩师——高僧黄檗禅师，早年求法行乞于洛阳，遇到一位阿婆。此婆曾参见过唐玄宗、肃宗、代宗三位皇帝供奉过的慧忠国师，道行高深。黄檗想拜她为师，但阿婆说："吾是五障之身，故非法器。"（《祖堂集》卷十六）然后指点他去投拜奉新百丈禅师。这个曾经参拜过国师的阿婆，自认五障之身,不成法器,与之相比,了然尼的自信心不可同日而语。此外,回顾中国第一个受戒尼师净捡的行状可以看到,净捡努力争取的重点,是尼众与一般男性僧人同样的出家受戒权利,解决了女众比丘尼身份这个主体被社会客体认可的问题,在中国佛教发展史上贡献很大。而了然已无视僧尼之分,自视为浩荡禅风中法法如一,平等一体之身,已然解决了比丘尼精神层面的主体自我认同问题,这应该是一个了不起的进步。

  了然尼还有另外一些与其他僧人的应答,也同样充满禅的机敏和智慧。从她应对机辩来看,禅学深笃,对决明敏,但不采棒喝雷霆之法,这与从归宗一路承袭而来的大愚禅师的禅法,有一定差别。作为义玄大师门下著名禅匠的灌溪志闲,能够被了然尼折服,足见了然尼法行之高远,真可谓末山禅法"不露顶"。上定林院在了然尼的住持之下,法声远播,四方信众云集九峰,聚徒五百余人,名重当时。后来九峰一地相继建起多所寺院,禅风兴盛,高僧辈出,了然尼和上定林院是起了开创引领作用的。

守芝禅师（？—1056）

守芝禅师，临济宗六世传人，大愚寺住持，是继大愚禅师以后，第二个为临济宗的发展作出重大贡献的大愚寺住持。祖籍山西太原，俗姓王。少年弃家而出，到潞州（今山西上党）承天寺，精研《法华经》，得主师首肯，度为大僧。守芝禅师尤善讲《金刚般若经》，名满河东、河内、河南三地，追随拜学者众多。当时善昭禅师在汾水一带颇有名望。守芝禅师心存疑虑，前往实地探望究竟。研习之后心悦诚服，投身入室，拜为弟子，受善昭禅师印可。后往南游历到江西高安，住持大愚寺，继因南昌守邀请，住持南昌西山翠岩寺。卒于北宋仁宗至和三年（1056）。

一、"满城公子贵，林下道人栖"

守芝禅师到高安大愚寺的时候，虽然唐末五代的战乱已经远去，但遭到破坏后的大愚寺，此时尚未恢复，香火衰息，寺院建筑也很陈旧破烂，重振寺院的任务极为艰巨。这个记载见于北宋诗僧惠洪（1070—1128）的《禅林僧宝传》。惠洪本身为江西宜丰县桥西乡潜头竹山里人，他以晚辈亲历者的身份载录说：大愚寺和翠岩寺，都在我的故乡，小的时候曾经在两个寺院之间往来。寺院中有个老衲，是我祖父的朋友。老衲回忆道，守芝禅师曾经描述自己早期住持大愚寺的境况：僧众不到三十，殿宇破旧，梁柱衰朽，常常要用木柱子顶住将要倾倒的地方，路过的人都担心把僧人们压在里面。守芝禅师白天出门，手持一个用来遮阳避雨的斗笠，行走于城区和乡野之间，传法不懈，寺院就像一个匆匆借宿的旅舍，香火不济，有时连粥饭都没个着落。按照惠洪本地人的身份和少时亲身所历，这个记载应该有很高的可信度。我们从守芝禅师自己的语录，也可以体味到他当时艰苦弘法的意志："问：'如何是大愚境？'师云：'四面峰峦秀，沿江一带清。'进云：'如何是境中人？'师云：'满城公子贵，林下道人栖。'"（《天圣广灯录》卷十七）他说大愚寺禅法的境界如同高安一地的风光，峰峦秀而沿江清。而他和他的僧徒们，虽然见满城公子哥儿贵不可攀，却安然在林下栖息修行。

守芝禅师风尘仆仆来到大愚寺担任住持，他大约在哪一年到达高安，目前找不到明确的记载，需要从相关人物资料当中寻找参考。守芝禅师在大愚寺非常艰困的条件下，仍然招收弟子传法。他有个相当著名的弟子叫南岳文悦禅师，南昌人，俗姓徐。关于文悦禅师的活动有比较详细的载录，我们做个比对分析。

文悦的圆寂时间和年龄非常清晰："嘉祐七年七月八日，升座辞众，说偈曰：'住世六十六年，为僧五十九夏。禅流若问旨皈，鼻孔大头向下。'遂泊然而化。"（《禅林僧宝传》卷二十二）北宋仁宗嘉祐七年即公元1062年，他活了六十六岁，即生于宋太宗至道二年（996）。当然，古人一般以虚岁记寿，所以也有资料说他生于997年。按照《禅林僧宝传》的记载，他"七岁剃发于龙兴寺……年十九杖策遍游江淮"。（同上）他经常默坐下板，口念耆宿所教之语，心中产生疑问：我听说临济义玄祖师，在黄檗山希运禅师那里求法三年，黄檗师开始不认识他，有尊宿者教之，问他大意，三问而三次被棒打。没有听说尊宿者曾经谆谆授业给他什么。后来到高安大愚那里得到指点而开悟，终成临济宗祖师。今天耆宿教我，我想当然有益而非徒然，但是我想听的却和这个不一样。当时，荆州金銮有善禅师，筠州大愚有芝禅师。文悦心想先拜访高安大愚守芝禅师，如果不投契，再往荆州投拜善禅师，于是就到大愚寺。见大愚寺"屋老僧残，荒凉如传舍。芝自提笠，日走市井，暮归，闭关高枕。悦无留意，欲装包发去"。（同上）说他到了高安大愚寺一看，一片破败，守芝禅师每天提着斗笠在市井间穿行弘法，晚上回到寺院就闭关高枕禅卧，文悦就产生了离开大愚寺的想法。

按照这个记载可以得出两点结论：其一，文悦到高安大愚寺的时间一定是在他十九岁杖策游历之后不久；其二，他到大愚寺的时候，大愚寺一片破败，景象与守芝禅师自己的回忆完全一致。说明文悦到大愚寺的时候，守芝禅师比他先到大愚寺的时间不会太长，正在艰苦传法。由此可以推断，守芝禅师到高安大愚寺的时间，大致在文悦十九岁那年稍后，即北宋真宗大中祥符八年，也就是公元1015年稍后。

就在文悦禅师大失所望，正想整理行装离开大愚寺的时候，守芝禅师突然升座，说："大家相聚吃莖虀（腌菜类食品），若唤作一莖虀，入地狱如箭射。"（《佛祖纲目》卷三十六）文悦禅师大为惊骇，夜色降临时造访方丈室。守芝问：来何所求？师曰：来求佛心法。守芝说：法轮未转，食轮先转。后生趁着身体精力强健，何不为大家去乞饭？我忍饥不暇，哪里有时间为你说法？文悦禅师不敢违抗，依命而行。

后来守芝禅师移住西山翠岩寺，文悦再次前去参拜，晚上谒方丈室。守芝禅师说：你又来求佛心法？你没看到住的屋子墙壁疏漏，外面又下雪，我天天盼着你来为大家筹集炭火呢。我经受不住寒冷，还能为你说什么法？文悦不敢抗命，进城营化木炭回到寺院。当时寺里还缺个纲领职事、掌理众僧的维那职务人选。晚上，文悦三造方丈室。守芝禅师说：佛法不怕烂却，堂司一职，今天已经麻烦你了。文悦不明白他的意思，只好退出方丈室。第二天，寺院鸣楗椎坚请文悦出任维那一职，文悦面有难色，跪拜请辞想放弃求法。但考虑到苦修已经那么长时间了，一旦离去，前功尽弃，因此只能打消离去的念头，但心里有些恨守芝禅师不传心法。

那天，文悦坐后架方便，桶箍忽散，从架上堕落。他忽然开悟，明白了守芝禅师过往所有言行的用功之处在哪里，于是披搭了袈裟，上守芝禅师寝堂。守芝禅师笑着迎接他，说：维那且喜，大事了毕！文悦再拜，一身大汗，来不及说出一句话，就匆匆离去。自此，文悦精心侍奉守芝禅师，恪守自己的职守，认真管理寺院事务，一直到八年以后守芝禅师圆寂。后来他住持南岳云峰寺，故又称云峰文悦，成为著名的禅师。

在大愚寺期间，守芝禅师升堂讲法。他非常博学，反对门户之囿、捷径偷懒、浅尝辄止，而主张僧众应多增阅历，广涉各派旨意，融会贯通，然后才有真知灼见，方可升堂讲法。他积极阐释临济汾阳先师十智同真法门："夫说法者，须具十智同真。若不具十智同真，邪正不辨，缁素不分，不能与人为眼目，决断是非。如鸟飞空而折翼，如箭射的而断弦。弦断故射的不中，翼折故空不可飞。弦壮翼牢，空的俱彻。"（《禅林僧宝传》卷十六）他批评草率轻浮、寡闻得少为足的学风说，不广求知识，广泛涉猎各家门风，而是得一言半句便点头咽唾，自称已经明了，那上座讲法就大有未稳当处。他熟记先师号曰"广智"的《十五家宗风歌》，作为对僧徒博学的开示：

大道不说有高低，真空那肯涉离微。大海吞流同增减，妙峰高耸总擎持。万派千溪皆渤澥，七金五岳尽须弥。玉毫金色传灯后，二三四七普闻知。信衣息，广开机，诸方老宿任施为。识心是本从头说，迷心逐物却生疑。芝曰：此叙宗旨也。

或直指，或巧施，解道前纲出后机。旨趣分明明似镜，盲无慧目不能窥。明眼士，见精微，不言胜负坠愚痴。物物会同流智水，门风逐便示宗枝。即心佛，非心佛，历世明明无别物。即此真心是我心，我心犹是机权出。芝曰：此叙马祖宗派也。

或五位，或三路，施设随根巧回互。不触当今是本宗，展手通玄无佛祖。芝曰：此叙洞上宗派也。

或君臣，或父子，量器方圆无彼此。士庶公侯一道平，愚智贤豪明渐次。芝曰：此叙石霜宗派也。

有时敲，有时唱，随根问答谈谛当。应接何曾失礼仪，浅解之流却生谤。或双明，或单说，只要当锋利禅悦。开权不为斗聪明，舒光只要辨贤哲。有圆相，有默论，千里持来目视瞬。万般巧妙一圆空，烁迦罗眼通的信。芝曰：此叙沩仰宗派也。

或全提，或全用，万象森罗实不共。青山不碍白云飞，隐隐当台透金凤。芝曰：此叙石头药山宗派也。

象骨镜，地藏月，玄沙崇寿照无阙。因公致问指归源，旨趣来人明皎洁。芝曰：此叙雪峰地藏宗派也。

或称提，或拈掇，本色衲僧长击发。句里明人事最精，好手还同楔出楔。

或抬荐，或垂手，切要心空易开口。不识先人出大悲，管烛之徒照街走。芝曰：此叙云门宗派也。

德山棒，临济喝，独出乾坤解横抹。从头谁管乱区分，多口阿师不能说。临机纵，临机夺，迅速机锋如电掣。乾坤只在掌中持，竹木精灵脑劈裂。或宾主，或料拣，大展禅宗辨正眼。三玄三要用当机，四句百非一齐铲。劝同袍，莫强会，少俊依前成窒碍。不知宗脉莫漫汗，永劫长沉生死海。难逢难遇又难闻，猛烈身心快通泰。芝曰：此叙德山临济宗派也。

（《禅林僧宝传》卷十六）

我们可以看到，守芝禅师有禅学渊源，他在师父的教诲下，对禅宗各派的宗风旨意，都有深刻的掌握。其表述如诗如歌，今天读来仍是朗朗上口，韵味妙不可言。有这样的师父，难怪守芝禅师早年就能把《金刚般若波罗蜜经》讲到"学者宗之"的境地。他的升座讲法语言形象丰富，风格明快而精妙，散见于各佛教史书籍，试举几例：

才升座，僧问："如何是和尚家风？"师云："一言出口，驷马难追。"（《天圣广灯录》卷十七）

师曰："一声响玲珑，喧轰宇宙通。知音才侧耳，项羽过江东。怎么会，恰认得驴鞍桥作阿爷下颔。"（《五灯会元》卷十二）

"上堂：'竖穷三际，横遍十方，拈起也帝释心惊，放下也地神胆战。不拈不放，唤作甚么？'自云：'虾蟆。'""上堂众集，乃曰：'为众竭力，祸出私门。'便下座。"（同上）

"上堂：'翠岩路险巘，举步涉千溪。更有洪源水，滔滔在岭西。'击禅床，下座。"（同上）

"上堂：'沙里无油事可哀，翠岩嚼饭喂婴孩。他时好恶知端的，始觉从前满面埃。'击禅床，下座。"（同上）

二、"见道真而择法明"

我们为什么说守芝禅师是第二个为临济宗的发展作出重要贡献的大愚寺住持呢？原因就在前面所说的这个大弟子云峰文悦。在各灯录中，文悦禅师明确为临济宗传人、大愚守芝禅师法嗣。在北宋仁宗年间,文悦禅师是负有盛名的禅师,《古尊宿语录》一书载有其门人齐晓编的语录,另有数量不少的偈颂。他对当时禅门"般若丛林岁岁凋,无明荒草年年长"的萎颓有深切的感慨:"诸禅德去圣时遥,人心淡泊,看却今时丛林,更是不得所在之处,或聚徒三百五百,浩浩地只以饭食丰浓、寮舍稳便为旺化。中间孜孜为道者无一人。设有十个五个,走上走下,半青半黄,会即总道我会,各各自谓握灵蛇之珠,孰肯知非?及乎挨拶鞭逼将来,直是万中无一。"(《五灯会元》卷十二)

或许正是对现状的担忧和重振禅林的责任感,文悦禅师很乐意提携有根器的学人同道。北宋大诗人、书法家黄庭坚在《题云峰悦禅师语录》中评价文悦禅师的禅风"青山白云,开遮自在;碧潭明月,捞摝方知;铁石崩崖,霜弓劈箭",同时总结了他的两大贡献:"前则激慧南老子,出泐潭死水,而印慈明。后则劝祖心禅师,拨大愚寒灰,而见黄檗。"(《古尊宿语录》卷四十一)黄庭坚所称文悦禅师第一项功德,就是指临济宗黄龙派创始人慧南大师(1002—1069),在禅学修为磨炼的过程中,曾经受到文悦禅师锲而不舍的开导。

黄龙派又称黄龙宗,临济宗之支派,中国佛教禅宗"五花七叶"(即五宗七派)之一,以黄龙慧南为宗祖。慧南于宋景祐三年(1036)住江西隆兴(现江西修水县)黄龙山,盛弘教化,名震一时,遂有黄龙派之称。

经过五代的战乱,到北宋时期,临济宗渐有衰颓之势。与文悦禅师一样,慧南意识到自己负有重振禅林的重任,说自马祖马驹踏杀天下、德山棒喝疾如雷电以后,禅宗后辈弃本逐末崇尚邪言,"后来儿孙不肖,虽举其令而不能行,但逞华丽言句而已。黄龙出世,时当末运,击将颓之法鼓,整已坠之玄纲"。(《黄龙四家语录·黄龙慧南禅师语录》)

慧南振法鼓、整玄纲从恢复临济禅固有宗旨入手,主要有以下一些内容:佛性人人皆有,不假外求。他举越州大珠和尚问马祖佛法,马祖答以"何不回头认取自家宝藏"为例,说"汝等诸人,各有自家宝藏,为什么不得其用?只为不回头"。(《黄龙四家语录·黄龙慧南禅师语录》)佛即本心,凡夫圣人皆具佛性,差别仅在迷茫和觉悟。

平常心是道，道在日常生活之中。他说："横吞巨海，倒卓须弥，衲僧面前，也是寻常茶饭。行脚人须是荆棘林内，坐大道场，向和泥水处，认取本来面目。"（《五灯会元》卷十七）他还认为，尽到自己手头职责，就是圆觉道场，说：埋怨昨日吃粥太晚，今日吃粥太早，责住持威令不严，执事身心懒慢，规矩既乱，诸事参差，一人失事，众人不安。"当院内外一二百人，曲座既在其位，大事小事，须自近前照顾，不得轻于事，慢于众。若能如是，步步圆觉，步步道场，何假向外穿凿，肉上剜疮？"（《黄龙四家语录·黄龙慧南禅师语录》）他的这个开示，即便在今天五光十色的现代社会，仍然具有现实的教育意义。

修悟不假言诠。慧南认为古人求道在求心，佛性须自悟，无需文字知解。他反对文字禅，说："且道何者是珠，何者是月？若也不识珠之与月，念言念句，认光认影，犹如入海算沙，磨砖作镜，希其数而欲其明，万不可得，岂不见道？若也广寻文义，犹如镜里求形，更乃息念观空，大似水中捉月。"（《黄龙四家语录·黄龙慧南禅师语录》）不过同时他也不是完全否定言诠，认为言诠仍可为中下根人之指引。

修禅"贵在息心"。般若主张一切皆无自性，任何事物都是由诸因缘和合而成，没有独立的自性。慧南提出"一念常寂""无念为宗"的禅法。"无念"即"无心""息心""息想"，按常人生活，但对任何事物都不执着而起舍弃和贪取的念头，无执意的好恶、美丑，此即般若智慧中的无分别智。他阐释道："道不假修，但莫污染；禅不假学，贵在息心。心息，故心心无虑；不修，故步步道场。无虑则无三界可出，不修则无菩提可求。不出不求，由是教乘之说。"（《黄龙四家语录·黄龙慧南禅师语录》）

慧南极为大胆的改革，是否定了临济宗享有盛名且沿袭时久的说妙谈玄和当头棒喝。他说："说妙谈玄，乃太平之奸贼；行棒行喝，为乱世之英雄。英雄奸贼，棒喝玄妙，皆为长物。黄檗门下总用不着！"（《五灯会元》卷十七）这一项改革，把他自己创立的门风，与义玄的临济宗风非常清晰地区别了开来。从此，中国禅宗寺院基本不再采用棒喝之法。

慧南接引僧徒的方法以启迪自悟为特色，禅风独特，灵活相机。慧南在黄龙常问僧众："人人尽有生缘，上座生缘在何处？"正当问答交锋，却复伸手曰："我手何似佛手？"紧接着又改变话题问："我脚何似驴脚？""三十余年，示此三问，学者莫有契其旨。脱有酬者，师未尝可否。丛林目之为黄龙三关。"（《五灯会元》卷十七）慧南后来传法三十余年，接引僧徒常设此黄龙三关，而僧徒很少有完全契合其旨意者。倘若有僧学对应阐释自己看法，他也是不置可否，用意无法窥测。黄龙"生缘""佛手""驴脚"三关之问，开了看话禅先河，因被置于特定环境，学人思维陷入困境，答案看似简单却多头散发，疑情遍布，犹如面临深渊。到了这个关头，慧南才会相机采用舒缓或激烈的方法和手段，促其开悟。黄龙三关成为慧南禅门的特色，也是慧南在舍弃临济棒喝宗风后，自创的弟子接引方法，成为黄龙派独特的标识。

  慧南在黄龙山传法三十年，法席盛极一时，给临济禅注入了鲜活的生机，开启了黄龙派这一临济宗新的一脉，为中国禅宗发展作出了重大贡献。黄龙派创立以后，后世继续衍变发展。明清时期，又融会《易经》，把天道自然引入禅境，形成以禅为体、以道为质、以易为用的黄龙文化。日本文治三年（1187），日僧荣西二度入宋，往赤城天台山（今浙江天台），依止万年寺，拜虚庵怀敞为师。虚庵禅师为临济宗黄龙派第八代嫡孙。荣西参究数年，终会心要，得虚庵禅师印可。此前禅学已在日本国内开花，荣西承袭临济黄龙法脉，回国光大，成为日本禅宗的主流。

  在慧南创立黄龙派的过程中，文悦禅师发挥了很重要的作用。

  慧南大师，临济下八世，俗姓章，信州玉山（今江西玉山）人。早年投拜多方，后依止于泐潭怀澄禅师学云门宗。怀澄是云门宗五祖师戒的弟子，他见慧南资质聪颖，深为赏识，令其分座接物。那时慧南还不到三十五岁，一时名震诸方。一次，慧南偶尔和文悦禅师游西山，晚上一起讨论云门法道。文悦禅师其实早就对怀澄禅师所传有歧见，就说：澄公虽然是云门宗传人，但法道有异。慧南追问异在何处，文悦辨析说："云门如九转丹砂，点铁成金。澄公药汞银徒可玩，入煅则流去。"（《五灯会元》卷十七）慧南听了非常生气，举起枕头砸向文悦。第二天，文悦向慧南赔不是，但仍坚持己见，进一步分析说："云门气宇如王，甘死语下乎？澄公有法授人，死语也。死语，其能活人乎？"（同上）说完背身而走。

慧南挽留道：如果的确如此，哪一个禅师是你满意的？文悦就说：石霜楚圆（986—1039）道行手段超过诸方，你应该马上去见他。慧南心里筹划：文悦的师父是守芝禅师，他让我去见石霜楚圆，对于文悦来说没什么得益，文悦显无私心。于是投奔石霜楚圆而去。中途又听说楚圆并无高妙之处，却轻慢丛林同道，遂改变想法，转而登衡岳，拜谒福严寺贤禅师。贤师看重慧南，命他掌书记。没多久，贤禅师圆寂了，郡守恰好推荐石霜楚圆禅师继任住持。

楚圆升堂后，果然贬剥禅林诸家，一件件罗列着斥为邪说。慧南见被辩驳的都是自己曾经学习过的其他宗风旨意，为之精神沮丧，便登方丈室向楚圆讨教。楚圆见了说：书记领徒游方，如果有疑问，可以坐下来商讨。慧南求教的态度愈发诚恳，楚圆就说：你学云门宗，一定掌握其宗旨。先前洞山守初在参云门文偃禅师时，云门禅师说要棒他三顿。你说这三顿棒该打不该打？慧南马上说：该打。楚圆脸色严肃起来问道：从清晨到日暮，鹊噪鸦鸣，都应该吃棒吗？慧南默然无对。石霜这才端然而坐，接受慧南炷香作礼。第二天，楚圆禅师再以另一段禅林著名的公案考问慧南：赵州禅师说他勘破了五台山婆子，哪里是他勘破婆子处？慧南汗如雨下，不能作答。第三天，慧南又去拜谒石霜楚圆，石霜诟骂不已。慧南说：骂难道是慈悲的佛法施为？石霜道：你作骂会那！（《五灯会元》卷十七）慧南一时大悟，作偈曰："杰出丛林是赵州，老婆勘破有来由。而今四海清如镜，行人莫与路为仇。"（同上）《五灯会元》记载，石霜楚圆就此印可了慧南。而按照《禅林僧宝传》所说，慧南三次拜谒楚圆的过程，还要复杂生动得多，其中那首偈诗原句为"老婆勘破没来由"，石霜楚圆"以手点'没'字顾公，公即易之，而心服其妙密"。（《禅林僧宝传》卷二十二）按这个说法，这一偈句，是在楚圆的点拨下才改为"老婆勘破有来由"的。慧南此后侍奉楚圆月余，辞别后云游多方，最后在江西隆兴黄龙山崇恩院开席讲法，法席鼎盛，终成临济黄龙一派。

禅门五宗在传承中演变各异，沩仰宗兴起最早，在宋代以前已经衰微。临济宗创立稍晚，但后来居上，影响最大，延续时间最长，然而到北宋初时期，也开始出现颓势。在临济宗的转折过程中，石霜楚圆发挥了承上启下的作用，为临济宗的传承发展作出了很大贡献。慧南作为临济宗黄龙派的祖师，方会（992—1049）作为临济宗杨岐派的祖师，都是石霜楚圆的弟子。石霜楚圆为黄龙派和杨岐派的创立，在多方面做了重要的铺垫。黄龙派和杨歧派的创立，将临济宗推向了一个新的发展时期。从此，禅宗有了"五花七叶"或"五家七宗"之称。"五花"即沩仰宗、临济宗、曹洞宗、云门宗、法眼宗，七叶即前面五家加上由临济宗衍生出来的黄龙派和杨歧派。

而从黄龙派创始人慧南的禅观递进过程中，我们可以看到，文悦禅师是他辨析云门正宗、脱去"死语"的最初开示者，又是他投拜楚圆禅师、披沥诸派、破而再立的指引人。明代僧人费隐通容在《祖庭钳锤录》书中评得好："盖云峰见道真而择法明，故能力排澄公，使老南宝惜悉弃去，而见慈明，得到大彻。"（《祖庭钳锤录》卷下）"云峰"即文悦云峰禅师，"澄公"即慧南先前拜学的泐潭怀澄禅师，"老南宝"即慧南黄龙大师，慈明是石霜楚圆的法号。这段评语说文悦云峰"见道真而择法明"，真性见道，能正确辨别选择法门，所以能力排怀澄禅师，使慧南禅师放弃了怀澄之禅法，转而投拜石霜楚圆，最终得到大彻大悟。这个评语极为精当。

文悦禅师的第二项功德，是指点祖心禅师，促其参拜黄龙慧南禅师，终成黄龙传人。

祖心禅师（1025—1100），南雄始兴（今广东始兴）人，俗姓邬。他是黄龙慧南的三大弟子之一，在黄龙慧南圆寂后，继任住持十二年。他称自己的居处为"晦堂"，故丛林中又称他为"晦堂和尚"，圆寂后谥宝觉禅师。祖心禅师以"即心即佛"为传承要旨，他回答关于如何顿尽烦恼习气之问说："苟能明心，心外无法，法外无心，心法既无，更欲教谁顿尽耶？"（《禅林僧宝传》卷二十三）祖心文采卓然，常常把清净虚空的禅境描绘得充满诗意，用以示化学人："心同虚空界，示等虚空法。证得虚空时，无是无非法。便怎么休去，停桡把缆，且向湾里泊船。"（《五灯会元》卷十七）和他的师父黄龙慧南一样，祖心认为修禅在于体验，反对在文字中绕路说禅。他说："真性既因文字而显，要在自己亲见。若能亲见，便能了知目前是真是妄、是生是死。既能了知真妄生死，返观一

切语言文字，皆是表显之说，都无实意。"（《禅林僧宝传》卷二十三）

祖心禅师性情闲适，率性自在，早年依龙山寺僧人惠全禅师出家，曾因不守戒律而离开龙山寺，游方行脚。后来继慧南禅师任黄龙寺住持，亦不喜寺院事物，多次请求卸任，到第五次才得到准许。但唯其天性率真，"善巧无方，普慈不间"（《禅林僧宝传》卷二十三），在丛林内外反而悠游自得。黄龙慧南禅师道貌德威，难以亲附，即便老于禅林者，见到他也会汗如雨下。而祖心见慧南，两人却"意甚闲暇，终日语笑，师资相忘"。（同上）文人士大夫也都很愿意和他交往，在他传法四十年间，"士大夫闻其风，而开发者众矣"。（同上）大诗人黄庭坚就是他的弟子。

祖心禅师曾经拜文悦禅师为师，在座下参学三年却无所得，于是想另寻它山，去向文悦禅师辞别。文悦禅师知道祖心有根器，需要在高师门下进一步锤炼，就指点他说一定要去黄檗山（今江西宜丰境内）参慧南禅师。祖心遵嘱前往黄檗山，在慧南禅师座下执侍了整整四年，心有所悟却未能显发，又辞别慧南回到云峰。但此时文悦禅师已经圆寂，祖心即投石霜楚圆禅师座下。

有一天，祖心禅师阅读《传灯》。有僧问多福禅师："如何是多福一丛竹？"多福禅师曰："一茎两茎斜。"僧曰："不会。"多福禅师曰："三茎四茎曲。"祖心读到此处忽然醒悟，透彻明白了他的两位师父——文悦禅师和慧南禅师的功力用心之处。他随即起身回到黄檗山，刚展开坐具，慧南禅师就说："子已入吾室矣。"祖心欢喜踊跃，说："大事本来如是，和尚何得教人看话，百计搜寻？"慧南禅师道："若不教你如此究寻，到无心处自见自肯，即吾埋没汝也。"（《五灯会元》卷十七）如此，祖心禅师到底没有被埋没，而后成为黄龙慧南禅师的高徒。

从以上载录可以看到，文悦禅师对僧学的修炼潜力有独到的眼光，关爱晚辈且热心指教。祖心禅师就是在文悦禅师的直接指导下，进入黄龙慧南门庭，并最终成为黄龙传人。祖心禅师的经历，与当初文悦先拜守芝禅师于高安大愚寺，辞别后再次回到守芝禅师门下，有一定的相似之处。且文悦对祖心的指点，某种意义上可视为大愚守芝禅门的光大，故黄庭坚说文悦禅师"后则劝祖心禅师，拨大愚寒灰，而见黄檗"。（《古尊宿语录》

卷四十一）

　　回看以上两项功德，足证文悦禅师在临济宗黄龙派的发展史上，应有相当的地位。当然，他的尊师——高安大愚寺守芝禅师，亦功不可没。

师戒禅师（？—1034）

又称五祖师戒禅师、戒禅师、五戒禅师，北宋高僧。晚年住持高安大愚寺，圆寂于此。

师戒禅师是云门宗传人，我们可以从他的传承关系中，看出他的地位和声望。在《五灯会元》卷十五中，师戒禅师列为双泉宽禅师法嗣第一。而双泉宽禅师的师父，就是著名的文偃禅师——禅宗五宗之一云门宗的创始人。师戒禅师诸多弟子中有一位怀澄禅师，禅宗五宗七派中黄龙派的创始人慧南大师，曾经是怀澄禅师的弟子。虽然慧南最终拜学于石霜楚圆门下，改学临济宗，并以石霜楚圆弟子自称，但毕竟曾投于怀澄禅师门下，其最终创立的黄龙派，不可能不留下怀澄禅师云门宗的痕迹。可见师戒禅师在禅宗各派的演绎中，起到过承前启后的作用。

师戒禅师一眼为瞎，这有个来由。师戒对云门宗风笃信不二，曾经作《颂云门法身》言："云门透法身，划断释迦音。文殊休惆怅，普贤谩沉吟。"（《天圣广灯录》卷二十一）此颂充满对云门宗的自信、崇仰和赞叹。据说庐山玉涧林禅师曾作一偈，对云门宗流露出轻慢之意："北斗藏身为举扬，法身从此露堂堂。云门赚杀他家子，直至如今谩度量。"一次，师戒禅师游庐山山南，见了林禅师，就询问该偈语说的是什么意思。林禅师一时不便作答，抬起眼睛看师戒禅师。师戒禅师发咒誓说："若果如此，云门不值一钱，公亦当无两目。"（《林间录》卷下）说完转身而去。后来林禅师竟真的如师戒禅师所言，双目失明，而师戒禅师到晚年也瞎了一眼。

师戒禅师长期住五祖山，史称龙象海会，名声远播，僧徒汇集，大振祖风。他弟子众多，法嗣有名可查的多达四十人。他曾编有《每月念佛图》，后来失散未传。在《禅林僧宝》《天圣广灯录》《联灯会要》等书中，都有他的语录记载，彰显了他作为云门高僧的宗风特色。有僧人和他问答："僧问：'如何是佛？'师曰：'鼻孔长三尺。'曰：'学人不会。'师曰：'真不掩伪，曲不藏直。'"（《五灯会元》卷十五）又有僧问："'如何是祖师西来意？'师曰：'担不起。'曰：'为什么担不起？'师曰：'祖师西来意。'"（同上）云门接引学人有所谓"函盖截流"，即截断众流、师徒函盖相合之意，具体有八方面的要求。接化玄妙谓之"玄"，"夺"则强调截断烦恼，不容学人拟议。从师戒禅师上面的答示中，我们可以体会到其中的妙处，跳跃式的思维，采用出乎意料的事物和理解作答，刹那截断僧徒的思路，的确既"玄"又"夺"。然而，他也不是一味的"玄"，因为云门宗接引学人八法中，还有诸如"从"，即根据学人之根机以接化，"真要"即须点破佛禅宗旨等要求。因此师戒禅师有些语录很简短，明白畅晓但含义深邃："师上堂，良久。有僧问：'如何是和尚为人处？'师云：'四海江波静，一轮天地明。'进云：'莫便是和尚为人处也无？'师云：'寒山抚掌谁人会，拾得忻忻特地迷。'"（《天圣广灯录》卷二十一）又有僧问："'宝剑未出匣时如何？'师曰：'看。'曰：'出匣后如何？'师曰：'收'。"（同上）这些接化之语，即便是俗世普通之人，也能看懂并品味得出其中的妙理。

师戒禅师收受弟子，常施以现场考问，因为他机锋凌厉，僧徒都很难应对。他住持五祖山时，齐岳和雪窦重显前来参拜。这两位都属于饱参之僧，机锋练达，很想见识一下师戒禅师的道行。到了师戒禅师方丈室前，重显不想抢先，让齐岳先进。齐岳直入方丈室，师戒禅师喝问道：上人叫什么名字？答曰：齐岳。师戒极为敏捷，抓住"齐岳"的名字发问道：你哪里像泰山？齐岳无言以对，师戒遂棒打驱逐。第二天齐岳又去参拜，师戒问：你来干什么？齐岳举起手，并在手上作画圆圈状。师戒问：这是什么？齐岳说：老大老大的胡饼你都不认识？师戒说：那趁着炉灶还热，再搭一个。齐岳还想拟议作答，师戒禅师提起拄杖将他赶出了门。过了几天，齐岳再一次造访师戒，齐岳"乃提起坐具曰：'展则大千沙界，不展则毫发不存，为复展即是，不展即是？'师遽下绳床把住云：'既是熟人，何须如此？'岳又无语。师又打出"。（《指月录》卷二十二）

当时雪窦重显在禅林已有名声，机锋颖脱，眼见到了这个份儿上，也只能望崖而退。

　　从上面这些言行来看，师戒似乎是一个相当严厉的禅师，平日大有凛然不可侵犯之势。其实在另一方面，师戒禅师非常自重，平时相当谨慎，很注意检点自己。他的第一高徒为洞山自宝禅师，寿州（今安徽淮南寿县）人，据说出身于娼室，没有姓氏，出家修头陀行，粝食垢衣。自宝禅师为人精严，遵规守矩，护持戒法。他早年云游，有一天晚上到一家旅店住宿，居然有一位娼女纠缠着要和他同宿。自宝禅师只好同意，却将床榻让出来给那女子睡，自己无一杂念，在房间里盘腿坐禅一直到天亮。早上起来，这娼女毫无羞耻地向他索要陪宿费。自宝禅师也不争辩，给了她一些钱，然后抱起昨晚娼女睡过的被褥，到户外当场点火烧毁，转身跨步离去。娼女非常惊骇，感叹他是真正的佛子，将实情报告了老妈子。两人追赶出去，"请归致斋以忏"。（《佛祖纲目》卷三十六）自宝禅师后来参拜师戒禅师，得印可成大弟子，并在五祖山主管寺院事务。有一天师戒病了，令行者到库司去取一点生姜用以煎药。自宝毫不留情，不仅不给，还斥责了行者。行者无奈，将情况回报师戒。师戒听了，没有任何异议，自己拿出钱来，叫行者去买着用，自宝禅师这才给了他生姜。这一件事给师戒禅师留下了深刻印象，从此对自宝格外看重。师戒禅师晚年身衰索居，不再接受僧徒的造访。自宝禅师认为如此行藏，容易被人视为失礼。有一天上堂，出一偈讥示道："嗟见世谲讹，言清行浊多。若无阎老子，谁人奈汝何？"（同上）师戒听后，明白了弟子的意思，但自感力不从心，于是离开五祖山，南下到了高安大愚寺。

　　自宝禅师后来云游丛林，到了洞山。洞山住持对自宝禅师很赞赏，圆寂时，遗言令自宝禅师继承其住持席位。当时筠州郡守想推荐自己熟悉的禅师担任洞山的住持，知道师戒禅师德高望重，又是自宝禅师的师父，因此写信给师戒禅师，希望师戒利用自己的影响力，出面说项。师戒看了信，没有任何商量余地，一锤定音说：那个卖生姜的汉子可担任住持。自宝禅师就此成为洞山新任住持，开席讲法。由此我们可以窥见，师戒禅师胸怀广大，僧德高尚。

师戒禅师名声远播，僧徒众多，以如此身份，晚年至大愚寺传法，说明北宋年间的大愚寺，仍然保持着独特的地位。他到大愚寺后，因年高体弱，没过多久就圆寂了。按照《冷斋夜话》的相关记载倒推，他圆寂的时间大约在北宋景祐元年（1034）。有关僧传都记载他在僧堂前倚着拄杖，谈笑而化，这完全是真实的。师戒禅师确乎拄杖从不离身，这可以从有关记载中得到印证：他升座说法，"僧礼拜，师竖起拄杖曰：'大众会么，言不再举，令不重行。'便下座"。（《五灯会元》卷十五）拈拄杖说法成了他的一大特色。但师戒禅师平日拄杖，不单单为了求得方丈的威仪。实际上，在云门宗那里，"云门拄杖子"是一桩著名的禅宗公案，又称"云门拄杖化为龙"。《碧岩录》所载禅门公案第六十则即为此案："云门（文偃禅师）以拄杖示众云：'拄杖子化为龙，吞却乾坤了也，山河大地甚处得来？'"（《碧岩录》卷六）文偃禅师拄杖开示众僧，说自身可以化为龙，吞却天地乾坤。圆悟禅师评唱道："胸中若有一物，山河大地，纵然现前；胸中若无一物，外则了无丝毫。"（同上）其揭示的禅理是：山河大地与自身并无差别，宇宙间一切即是我心。师戒禅师显然不离宗旨，他也同样借着拄杖延续着云门的法脉："师上堂，拈起拄杖云：'弥勒先锋，释迦殿后，总在祖峰拄杖头上，你诸人还见么？'"（《天圣广灯录》卷二十一）又，"师上堂云：'看看，须弥灯王如来向杖上转大法轮了，却入诸上座眉间。还见么？若不见，眼在什么处？'以拄杖打禅床，便下座"。（同上）我们读来可以体会到，他所要揭示的禅机，和云门祖师文偃的"云门拄杖子"公案如出一辙。

师戒禅师圆寂后，五祖寺特派僧人来大愚寺取其骨石，塔葬于五祖本山。让师戒禅师生前没有想到的是，他在高安大愚寺的这段因缘，后来成了有关大文豪苏东坡前世今身传说的源头，并且逐渐演变为一曲贯穿宋元话本始终而延绵不绝的长歌。

省聪禅师（1040—1095）

宋僧。高安大愚寺、开善寺、圣寿寺、逍遥寺住持，法名省聪。四川绵竹盐泉县人，俗姓王。幼时投剑门慈云海亮禅师出家，二十三岁诵经得度，随后游成都讲肆。离开讲肆后往南游历，广参高僧尊宿。当时苏、南浙北一带圆照宗本禅师法名隆盛，省聪慕名前往投拜。

圆照宗本世称"大本"，因为杭州净慈寺在他住持后，继而由大通善本住持，前后二本，世称"大小本"。大本是云门宗高僧天衣义怀禅师法嗣，云门宗第六世传人，在宋神宗一朝，属于"国师"一级的高僧。大本禅师常州无锡籍，俗姓管，十九岁依姑苏承天永安道升禅师出家，巾侍十载，剃度受具。三年后礼辞游方，拜至天衣义怀门下，深得要领，名播寰宇。后应漕使李公复之邀，到苏州瑞光寺开席讲法，法席日盛。杭州太守陈公襄以承天和兴教二寺，邀请圆照宗本前来选择住持，苏州当地信众不舍，拥道遮留。陈公襄再以净慈寺诚恳相请，并且"移文谕道俗曰：'借师三年，为此邦植福，不敢久占。'道俗始从"。（《五灯会元》卷十六）据《释氏稽古略》卷四所记，圆照宗本于神宗元丰四年（1081），移住杭州净慈寺。元丰五年（1082），神宗下诏，辟相国寺六十四院为八禅二律，圆照宗本召为慧林第一祖。召对延和殿，神宗赐坐问道，大悦赐茶，鼓励"禅宗方兴，宜善开导"。（同上）赞叹他是真福慧僧也。神宗驾崩之时，他应召入福宁殿说法。圆照宗本禅师晚年退居苏州灵岩寺，弟子众多，嗣法传道者，不可胜纪。他的示法立意高阔，大开大合："上堂：'于一毫端现宝王刹，坐微尘里转大法轮。'拈起拄杖曰：'这个是尘,作么生说个转法轮底道理？山僧今日不惜眉毛，与汝诸人说破。拈起也，海水腾波，须弥岌岌；放下也，四海晏清，乾坤肃静。敢问诸人，且道拈起即是？放下即是？当断不断，两重公案。'击禅床，下座。"（同上）云门宗开示学人，特色为语句简要，如电光石火，有千钧之重。我们看圆照宗本这段语录，真个是见微知著，高屋建瓴，今天读来依然觉得酣畅淋漓。曾经两度任职杭州的大文豪苏轼，在《东坡志林》中盛赞圆照："志行若卓，教法通洽，昼夜行道二十余年，无一念顷有作相。自辨才归寂，道俗皆宗之。"（《东坡志林》卷一）

省聪投拜圆照时间较早，拜学之寺院不在杭州净慈寺，应该在苏州瑞光寺。因为苏辙在神宗元丰三年（1080）被贬谪高安时，省聪四十岁，已经是高安圣寿寺的住持，且前面已经住持过高安另外两个寺院，即大愚寺和开善寺。而圆照宗本被延请到杭州净慈寺的时间，则晚在元丰四年（1081）。

省聪的拜学研修并不轻松。当年天台宗三祖南岳慧思常年选择在南岳林野间经行修道。曾有人问他："何不下山教化众生？目视云汉作甚么？"（《五灯会元》卷二）慧思说："三世诸佛，被我一口吞尽。何处更有众生可化？"他开示众人道："道源不远，性海非遥。但向己求，莫从他觅。觅即不得，得亦不真。"（同上）省聪侍大本禅师多年，诵读南岳慧思口吞三世诸佛这段语录，萦思迷闷，久不得悟。有一天他为大本禅师进香，大本师警戒道：我从前为你做过一个奇异的梦，你要是再不努力觉悟，只好去了末路归途！受了如此严厉的呵斥，省聪依旧茫然不知所谓。

云门宗属南宗青原法系，系禅宗五家七宗之一，其开山祖师文偃禅师（864—949）住韶州云门山（广东乳源县北）光泰禅院，大振禅风，因取其山名作宗风之称。云门宗宗风陡峻，以激烈言辞指人迷津，剿绝情识妄想；以简洁明快、不可拟议的手法破除参禅者的执著，返观自心。圆照宗本禅师激励省聪的言辞，果然贯串宗风特色。一位禅门尊师，居然用"汝不勉则死"（《栾城后集》卷二十四《逍遥聪禅师塔碑》）这样激切决绝、没有任何退让余地的话去刺激弟子，这也只有云门宗的禅师，才敢发挥到这个程度。

按照云门规矩，师父的旨意当然不可拟议，省聪只能继续苦思。有一天去礼揖僧伽，也是功到自然成，机缘一发，醒而有觉，省聪忽然悟出了南岳慧思三世可吞之言的佛理。他顿感通透晓畅，马上谒见大本禅师，讲述了自己的心得。大本禅师这才解梦说："汝得之矣。吾昔梦汝吞一世界一剃刀，今汝所悟云然。知汝自今始真出家也。"(《续传灯录》卷十四）于是击鼓升座，向僧众宣示。省聪既得印可，感悟悲欣，涕泣作礼，后来继续侍服大本禅师很长一段时间，才告别大本禅师，出游到江西高安一带。因省聪禅师僧德甚高，深受高安当地信众敬爱，先请住大愚寺，后被相继延请住持开善、圣寿两个寺院。

北宋神宗元丰三年（1080），苏辙因为受到其兄苏轼"乌台诗案"牵连，被贬为监筠州（今江西省高安市）盐酒税，居留高安时间长达五年，至哲宗即位后重被启用。元祐八年（1093），苏辙与变法派发生冲突，再次被贬高安四年，"降朝议大夫、试少府监，分司南京，筠州居住"。(《宋史·苏辙传》）省聪禅师与苏辙是四川同乡，他长期住持的圣寿寺，距离苏辙供职的酒务职场最近。苏辙贬至高安后，经常前去访晤，故而和他结识最早，过从甚密，"禅老未嫌参请数，渔舟空怪往来频"。(《栾城集》卷十二《余居高安三年，每晨入暮出，辄过圣寿访聪长老，谒方子明浴头，笑语移刻而归，岁月既久，作一诗以记之》）苏辙曾经诚意向省聪禅师请教悟禅之法，省聪禅师回顾自己在大本禅师那里悟禅的亲身经历，对苏辙现身说法：我的师父从来不以道示人，都是顺其自然，自觉自悟。我今天也没有什么可以告示于你。这是典型的"但向己求，莫从他觅"的禅修顿悟之道。这一番开示，使苏辙对禅宗的"即心即佛，佛法无处不在，修行全在自身"的修禅之法大有领会，因此特意为此作了一篇颂赞，题为《筠州聪禅师得法颂并叙》，记述了省聪禅师在大本禅师处得法的过程，以及对苏辙本人的开示。颂曰："道不可告，告即不得。以不告告，是真告敕。香严辞去，得之瓦砾。临济不喻，至愚而悉。非愚非瓦，皆汝之力。"(《栾城集》卷十八《筠州聪禅师得法颂并叙》）

省聪禅师在高安住持各寺院期间，彰显了禅师风范。按照苏辙的记载，省聪禅师的性情颇类似于大愚禅师，少言寡语，随遇而安，与世无争，从不论人之过。"师性静默，与物无忤，所居不问有无，安于戒律，不知持犯之别。平居未尝谈说,叩之辄粹粹不竭。予见之二十年,口不言人过。"(《栾城后集》卷二十四《逍遥聪禅师塔碑》)孔子在《论语》中谈到自己的学养修为和待人处世,不同年龄段有不同境界,其中最高境界即为"七十而从心所欲,不逾矩"。意即主观意志和行为与社会道德规范,已完全融为一体,无论怎样的从心所欲,都不会越出社会道德界限。这是孔子自己所言最高境界,也是儒生为人处世追求的极致。苏辙在文章中称聪长老"安于戒律,不知持犯之别",是借用儒家修为的概念,称赞聪禅师僧德至高,戒律修持已臻极致,所言所行自然中规中矩,根本不用考虑哪些是合规的,哪些是犯戒的了。

苏辙与省聪长老相处至为密切,在苏辙贬居高安的日子里,两人一起品茗喝茶,交流禅学,在苏辙生病的时候,省聪长老还帮着煎药伺候。苏辙有诗记录这些场景:"五年依止白莲社,百度追寻丈室游。睡待磨茶长展转,病蒙煎药久迟留。"(《栾城集》卷十三《回寄圣寿聪老》)苏辙第一次离开高安以后,曾经和他交往甚密的诸位僧人,都各归去处,省聪长老专意退老黄檗山不再复出。等到苏辙第二次再谪高安,省聪长老一听说,马上出山前来相晤,说自己梦见与苏辙在山中游览,就料到苏辙要回来,这是宿缘,不值得奇怪。于是陪伴苏辙一年,"弊衣粝食,淡然若将终焉"。(《栾城后集》卷二十四《逍遥聪禅师塔碑》)这引来了高安信众的疑问,说哪有像聪长老这样,身为禅师而不坐道场的?省聪说:我不是不在道场,只是苏公一来,我已别无所求。

高安当时有个逍遥寺,其开山祖师据称为唐肃宗少子李僖。寺院原来很大,五代战乱后,多被辟为耕田。到北宋鼎定,社会安复,该寺前任长老真净文禅师诉诸于县衙,追索回了部分土地。但因为寺院地处偏远,香火不旺,一直萧条不振,大家推举省聪禅师前去住持。省聪因觉得与苏辙相会机缘难得,不愿意离开苏辙而接受邀约。苏辙就劝他说:师父您难道因为我的缘故,而废了传法宏业吗?省聪这才会心一笑,同意了大家的推邀,遂于绍圣元年(1094)杖策入山,拟重振山门。这已经是他在高安一地第四个寺院担任住持。逍遥寺寂寥日久,很少信众香客。省聪长老大力维修补缺,以期吸引信众。苏辙特意从圣寿寺拿了《般若》《涅槃》《宝积》《华严》四大部旧经，精心修补后送给他，作为襄助。第二年，省聪长老患病，因为山深无医，病情缓解了一阵子后再度加重，于九月圆寂，春秋五十有五。逍遥寺前任长老曾经勘验风水，选了一块坐化吉地，环植松柏。寂灭之时，有人言其不利，改葬它处。省聪长老圆寂，即依此地而葬，大家都说这是"有德之报"。因为是长年僧友，又源于自己的说服，省聪长老去偏僻的逍遥寺担负兴寺重任，不幸得病而灭，所以苏辙非常痛心，满腔歉意，亲自撰写《逍遥聪禅师塔碑》，铭曰："忽来自山，众迎而喜。为予而出，予岂堪此！众曰逍遥，法鼓不鸣。师虽老矣，强为我行。师入居之，草木欣然。"（《栾城后集》卷二十四《逍遥聪禅师塔碑》）

　　省聪长老寂于1095年，世寿五十有五。苏辙第一次贬居高安在公元1080年，省聪长老时年四十，住持圣寿寺。按其得道开悟的经历和年龄来判断，距他离开开善寺和大愚寺的时间不会太远。从苏辙和其他人有关大愚寺的记载来看，当时的大愚寺环境清幽，松风萧瑟，寺僧参与农作劳动，寺外有茶园、竹林、菜地，可采茶掘笋拔菜。逢节庆之日，僧众和游客一次性可集聚数百人，寺院的香火比较旺盛。可见大愚寺是个农禅结合、气氛相当融洽安逸的寺院。此时省聪长老虽然已经不住大愚寺多年，但其住持期间留下的规制和风范，从上述现实状况的描绘中仍然依稀可辨。

六愚和尚（1616—1661）

明末清初僧人。江西新昌（今江西宜丰新昌）人，俗姓周，名智喆。清顺治十三年（1656）到高安大愚寺担任住持，顺治十八年（1661）圆寂。

六愚和尚生活的年代，正是明清鼎革之际。明朝中期以后，由于皇族勋戚、贵族宦官采用各种手段，大量兼并土地且隐匿不报，拒绝缴税，造成农民负担急剧加重，朝廷财政收入累年下降，严重影响边关国防和行政正常运行。著名的政治家张居正在明神宗万历年间续任十年首辅，以"考成法"为核心整顿官吏队伍，以清查土地，实行"一条鞭法"改革赋税经济制度，同时在军事、边防、水利等方面采取重大措施，扭转了从嘉靖朝以来政治腐败、边防松弛和民穷财竭的局面，明王朝一度出现向好转机。但张居正死后不到一年，变法即遭到反攻罢停，明王朝重新回到了衰败之路。宦官专权，朝廷党争日趋激烈，吏治日益腐败，农民赋税沉重，流离失所，加上灾荒频发，终于酿成以李自成、张献忠为代表的大规模农民起义，推翻了明王朝。在东北地区发展起来的女真人迅速崛起，入关剿灭李自成和张献忠农民起义军势力，摧毁南明政权，建立了大清王朝。

在这一时期，禅宗的发展出现了变化：因为政治的腐败，明朝廷自朱元璋开始实行的禅门受戒、瑜伽纳牒制度荒废，寺院僧尼管理松弛，禅宗在江南尤其是江西和浙江两地重新兴盛，禅僧队伍迅速扩大。清王朝建立以后，重新颁布有关建寺度僧法律条文，而顺治帝因本身信奉佛教，故对禅宗的发展持支持开放态度，这也为禅宗在清朝初年的发展，提供了宽松的环境。经过前期长时间的此消彼长，此一时期禅宗以临济宗和曹洞宗两宗并兴为主要特征。江浙一带出现大量弘教传禅的宗师，广聚僧徒。

六愚和尚小时候寡言少语，喜欢独处，但据称性海具足，法器俨然。初投宜阳太平山定空和尚，剃度后披沥苦修三年，四方行脚，投拜名师，但一直没能开悟，未契心印。后来回到江西宜丰的洞山孤崖聪大师那里，受了具足戒后继续修行。明朝中晚期对寺院僧尼制度管理的松弛，虽然给禅宗的复兴创造了条件，但同时因为社会动荡，战乱频仍，失地农民、避乱民众甚至牢狱逃犯等各式人等进入僧尼队伍，导致禅学观念发生改变，队伍质量参差不齐。许多传法宗师贬低佛典，不守戒律，如曹洞宗云门系的开创者湛然圆澄，就因为生平不为戒律束缚，常有脱略轨仪言行，而受到僧界的指责。六愚和尚却没有沾染当时的习气，他的参修艰苦自励，"亲敬靡懈，胁不占席"（同治《高安县志》卷二十四），日夜坐禅，以至于座下的蒲团被坐破了七次。这事实上具备了"枯木禅"的一些特点，反映出六愚修禅之志超乎常人。禅宗在那个时期，对"悟"再次产生不同理解。他们把宋代儒学大师们强调的"大悟十八遍，小悟不计数"引入禅学，认为需要反复体修才能达到"悟"的境界，貌似回到了六祖慧能以前的"渐悟"一路，当然二者所"悟"的内涵已经发生了重大的改变。六愚和尚似乎也在践行着"大悟十八遍，小悟不计数"的苦修，以坐穿七次蒲团的惊人记录，昭示着他探究禅学真谛的苦心。

经过如此长期艰苦的坐禅苦修，六愚的功底积累到了一定的程度。有一天，六愚忽然失脚踏翻了一个木盆，盆中之水倾倒而出。他一时豁然大悟，就向师父说：失脚踏翻波是水，才识东洋涯际宽。学僧就像这一桶水尚未倾溢之时的状态，要请师父一语破的。孤崖说：未发且置，如何是汝踏翻处？六愚听了回以震声一喝。孤崖说：你接着说下去。六愚说：一滴普润乾坤秀，万汇咸沾此个恩。孤崖遂予以印可，授六愚为法嗣。

我们需要对同治《高安县志》中的这段文字作个解析。这段文字见于当时的县令黄奎龄为六愚和尚寂后所作的《真如寺喆和尚塔记》，原文前后如下："（六愚）豁然大悟，便问洞山：'失脚踏翻波是水，才识东洋涯际宽。只如一沤未发时，请师为道一句。'崖云：'未发且置，如何是汝踏翻处？'"（同治《高安县志》卷二十四）仔细阅读这段文字，我们怀疑六愚原作应为一首开悟七言偈诗，此处载录时漏刻一字而使文意发生断裂。如果在六愚所问末尾加一"言"字，则全文通顺，实为一首完整的七言偈诗。即六愚以七言偈诗发问的形式，向孤崖师汇报了自己所悟："失脚踏翻波是水，才识东洋涯际宽。只如一沤未发时，请师为道一句（言）。"如此则全文上下读来连贯顺畅，而且这样才完全符合禅宗师承印可僧徒，需以偈句偈诗为证的规矩。如果这个判断正确，偈诗就变得明白畅晓，用白话来解释就是：我失脚踏翻了木盆，水波倾倒了出来，从这倾倒出来的木盆水，才认识到东海有多么宽广。我未开悟的时候，就像这一桶尚未倾倒生发的木盆之水，需请求师父一句道破开悟。当然这是我们一家之言，聊备参考。在上面的叙述中，仍按照原文作译。

六愚在得到孤崖印可后，辞别师父，又去各地云游了十个寒暑。他视佛禅为神圣庄重的事业，所以谨慎行事，不曾虚妄承当寺院重要差守。这与当时江浙两地各山宗师自立、随处开席讲法的风气迥异，可见六愚和尚有自己的操守且非常自重。

明末清初的动乱，造成了高安大愚寺的衰颓，影响力日渐消退。此一时期，禅宗一片熙熙攘攘的复兴气象，又以临济宗和曹洞宗最为盛行。筠州一地坐落着曾经给临济宗的发展奠定了重要基础的黄檗山和大愚寺，同时又坐落着曹洞宗的祖庭洞山。而当时黄檗山和洞山的香火延续不断，宗师相继，僧徒广有，唯有高安大愚寺显得冷落和衰败。在禅风再兴之时，筠州不会无动于衷。当时各施主信众，认为高安大愚寺乃古德相续之处，与洞山寺、黄檗寺一样，在国内声望很高。因此他们很想恢复大愚寺昔日的盛景，重新提振大愚寺的地位，于是在顺治十三年（1656），迎请六愚和尚来大愚寺担任住持，开堂说法。此时，黄奎龄正好接任高安县令一职。从他留下的文章来看，这位县令对佛学及禅宗的发展历史，尤其对筠州一地禅宗各家的继承延续轨迹有很深的研究，他对各方重振大愚寺的要求给予了肯定和支持。

六愚和尚在大愚寺住持期间，辑有讲法语录。黄奎龄读了六愚的语录，认为"钻故纸以翻新，出死门而得活知，非舍己殉人徒袭赵州牙后者"。

（同治《高安县志》卷二十四）因此很高兴为此语录作了序。这本语录后来正式刊行于世。在住持了五年之后，六愚和尚患上疾病，说偈告众而逝。他生于万历四十四年（1616）九月，寂于顺治十八年（1661）七月，世寿四十有六。寺僧在大愚寺边上一个叫懒云窝的地方，为他的灵骨建了塔院，黄奎龄就此撰写了《真如寺喆和尚塔记》。在塔记中，黄奎龄记叙了六愚的生平，详细回顾了高安大愚寺的发展过程，盛赞道："今师得传洞山，为真如中起其衰。"（同治《高安县志》卷二十四）认为六愚和尚带来了真如寺的中兴，为筠州一地禅学的发展作出了贡献。

继承六愚和尚住持大愚寺的，是他的弟子遍鹏。关于遍鹏，资料不多。但从他留下的诗作来看，他和其师一样严谨，相当有学问，而且在禅学思想中还融合了儒家的忠义节气理念。大愚寺有吕公堆，一般都认之为南宋忠公吕祖俭的墓址。遍鹏作有《吊吕公堆》一诗："贯日丹衷气未销，孤光时映野僧瓢。英风浩荡鸣松籁，遗泽滋滋染荻苗。赤疏怀来翻贝叶，青筇携出侣渔樵。精忠梵韵悠然在，节义甘和柏子烧。"（同治《高安县志》卷二十六）在遍鹏的笔下，吕祖俭的忠节义气，已经和禅意融合，化成了悠然的精忠梵韵。全诗对仗极为工整，音韵铿锵，就近取喻，将所赞颂人物的精神，与大愚寺周边的松籁、荻苗、柏子有机结合，把吕祖俭的出世干政与禅家的出世悠然相为融合，立意高远而意境苍然，实在是一首极富思想和文化内涵的好诗。孤立地来读这首诗，很难想象作者竟然是一位出家的寺僧。由此可知遍鹏有深厚的文化修养，也有相当的思想境界。

康熙五年（1666），六愚和尚的法嗣遍鹏，苦心募集各方资财，建起了三门和正殿以及藏经阁，大愚寺焕然一新。当地乡绅汪毓珍、营把张有功捐资买田八方工（工即弓，古代土地丈量单位，一弓约等于五市尺，约为1.666米）、地十亩，又赎回了被道人侵占的园地三亩。寺院边上另有土地五片，由姓张的一族捐入。由此，赖各方共资香火，大愚寺再现辉光。当时大愚寺周边有成片松林和蒼葍林，月落日出，移步换景，透现八处不同的景观。六愚和尚在世的时候，专门有诗歌描绘记述，惜这些诗作已无处可查。大愚寺正殿塑有释迦牟尼大佛一尊，故一时俗称大愚寺为"大佛寺"。从大愚寺各代营建的历史记载来看，康熙时期的大愚寺，占地面积较大，寺院建筑最为完整华丽。这是清朝从顺治走向康雍乾鼎盛时期，朝廷佛教政策比较宽松，地方官员对寺院禅僧给予重视的结果。同时也从特殊的寺庙兴衰的角度证明，康熙一朝的经济确实恢复发展得比较快，百姓和社会比较安宁。而六愚和尚和遍鹏禅师，依傍这个社会政治背景，经过自己的潜心努力，为大愚寺带来了中兴气象。

名人与大愚禅寺

苏　辙

苏辙（1039—1112），字子由，一字同叔，自号颍滨遗老，谥文定。四川眉州眉山人。北宋文学家、诗人，"唐宋八大家"之一，与父亲苏洵、兄长苏轼合称"三苏"。嘉祐二年（1057）进士，历神宗、哲宗、徽宗三朝，哲宗朝曾官至尚书右丞、门下侍郎。苏辙一生中两度贬居筠州（今江西省高安市），前后长达九年，与高安结下了不解之缘，也在大愚寺留下了足迹。

北宋神宗元丰二年（1079），因反对王安石变法，苏辙的兄长、44岁的大文豪苏东坡被贬为湖州知州。七月，又遭御史中丞李定等人弹劾，指其诗语"谤讪朝廷"，被拘捕入京。十二月结案出狱，诏贬为检校水部员外郎黄州团练副使。这就是历史上著名的"乌台诗案"。当时苏辙任著作佐郎，随南京留守张方平任签书应天府判官。面对兄长可能遭到的灾厄，他毅然挺身而出，愿意削夺自己的官职为苏轼折罪。神宗不许，贬苏辙为监筠州盐酒税，五年不得升调。第二年五月底，苏辙送苏轼家眷至黄州，逗留十日，然后转赴筠州。这是他第一次被贬高安，居留时间长达五年。

苏辙第二次被贬高安，是在哲宗绍圣元年（1094）。北宋新旧党争激烈，哲宗即位时才九岁，改元元祐。高太后垂帘听政，放弃神宗时期王安石变法形成的"熙丰新政"，重新任用反对新政的大臣司马光和苏辙等。元祐八年（1093）九月，高太后逝世。哲宗亲政，第二年改元绍圣。他一反高太后之制，大力推行改革，再度启用变法新政大臣，任李清臣为中书舍人、邓润甫为尚书左丞。当时正逢廷试进士，李清臣所拟《策题》，以哲宗的口吻，歌颂了先父神宗皇帝的新政，"礼乐法度，所以惠遗天下者甚备"。（《宋史·苏辙传》）主旨即在复兴王安石的"熙丰法"。苏辙时任尚书右丞、门下侍郎，就此直谏哲宗，认为元祐以来（高太后垂帘期间）的政策并无过失，不能改变。其中有一段话说：汉武帝对外四处征伐，对内兴建宫室，财用匮竭，于是实行盐铁、榷酤、均输政策，百姓不堪忍受，几乎酿成大乱。昭帝任用霍光，罢去繁重苛刻之法，汉室乃定。这等于把前朝先父神宗视为好大喜功的汉武帝，哲宗看了奏章很不高兴。当庭辩论时，邓润甫直斥：先帝的法度都被司马光、苏辙糟蹋光了。北宋名臣范仲淹次子、同朝为相的范纯仁反复为苏辙辩解，哲宗才稍有缓和。苏辙遂上疏自请贬逐外放，被降职为汝州知州，随后调任袁州（今江西宜春市）知州。还未到任，又"降朝议大夫、试少府监，分司南京，筠州居住"。（同上）这是苏辙第二次被贬高安，从当年九月到高安，至绍圣三年（1096）再贬雷州离开，前后大约四年。

　　苏辙两次到高安，第一次被动欲代兄折罪而遭逐，第二次主动出击反对新党而被贬，两者的背景一致，那就是北宋无休止的波诡云谲的新旧党争。苏辙十九岁进士及第，可谓少年得志。他和兄长苏轼一样，抱着豪情进入仕途，但现实无情。当神宗熙宁二年（1069），启用王安石推行变法时，围绕新政引来了一场党争。支持新政的新党和反对新政的旧党势不两立，争斗前后延续五十余年。当皇上在这两派之间选择站队时，对皇上意旨的契合顺从或悖逆违抗，将迅速决定官员的升黜，成为居庙堂之高和处江湖之远的分界线。苏辙和苏轼不愿放弃自己的政治主张，一下子从锦衣朝堂沦落小城僻壤，不得不作出自己的应对。

　　自汉武帝"罢黜百家，独尊儒术"之后，儒学在中国一直处于至尊地位。作为本土原生态宗教形式的道教，亦在中国盛行于世。佛教于公元纪元前后传入我国，影响日益扩大。很长一个历史时期内，儒教、道教和佛教反复碰撞，最终导致三教的相互渗透和融合。到北宋时，虽然还发生过欧阳修等人以及理学大师们的激烈排佛，但社会从上到下，基本达成了以佛治心、以道治身、以儒治世的共识。处在这样一个时代，政治命运突然发生重大转折的苏辙，去佛禅和道学中寻找慰藉，是顺理成章的选择。随着人生颠簸和倾心研修，后来苏辙的佛道根底日益深厚，最终步入潜心于佛道的晚年。在这一过程中，贬居高安可视为重要的转折期。

作为仕途首遭重挫的居所，苏辙的人生观在这里经受磨砺，特别是对佛学的态度和修为有了重大的转换。

关于大愚寺，苏辙早已如雷贯耳，"东郊大愚山，自古薝蔔林"。（《栾城集》卷十一《次韵王适游真如寺》）薝蔔，语出佛经，是梵语 Campaka 的音译，一般指郁金花，李时珍记为木本的栀子花。后人常用此清纯芬芳之苞指代佛教。苏辙了解大愚寺法脉悠久，在佛教禅宗发展史上有重要地位，早有参访意愿。就其诗文载录来看，苏辙参游大愚寺至少三次，每次有不同的过程、体验和境界，并作诗以记。因此，我们不妨把苏辙对大愚寺的三次参览，视作他在筠州期间佛学精进依次递展的三个阶段。

一、"不知山中趣，强作山中吟"

苏辙和其兄苏轼，在佛道方面有家学渊源。他们的父亲苏洵就是一个佛道兼修者，平日崇信三宝，爱作佛事，还相当热衷于游览佛道名胜古迹，结交各方道士、僧人。他在庆历年间进京应试未中，南游庐山东林寺和西林寺，与两位高僧讷禅师和顺长老交游月余。苏辙后来追忆："辙幼侍先君，闻尝游庐山，过圆通见讷禅师，留连久之。"（《栾城集》卷十一《赠景福顺长老二首并序》）后来，苏辙还与顺长老成就了一段师徒因缘。

苏辙对道教早有兴趣，早年随父兄阅读道家典籍，后来漂泊宦海，继续修习道教理论，英宗治平元年（1064）作《和子瞻读道藏》，称正在研读老庄："道书世多有，吾读老与庄。老庄已云多，何况其骈傍。所读嗟甚少，所得半已强。有言至无言，既得旋自忘。"（《栾城集》卷二）治平四年（1067），他溯峡还蜀，泊舟仙都山下，有一道士以《阴真君长老金丹诀》石本相示。苏辙感谢他的好意，请教了道家丹药烧炼之术，对调养精气的内丹说有了详细的了解，并表示赞许。因为长期体弱多病，苏辙进一步体历了道家的养生术。"余少而多病，夏则脾不胜食，秋则肺不胜寒。治肺则病脾，治脾则病肺。平居服药，殆不复能愈。年三十有二，官于宛丘，或怜而受之以道士服气法。行之期年，二疾良愈，盖自是始有意养生之说。"（《栾城集》卷十七《服茯苓赋并叙》）文中他回顾了自己在三十二岁时，接受了道士服气法，并认真体修一年，治愈了多年的顽疾，从此开始关注道家养生之学。苏辙曾言"老聃本吾师，妙语初自明"（《栾城三集》卷一《丁亥生日》），对道教的尊奉终其一生。

对佛学，苏辙同样有深度的研究，他曾说："予久习佛乘，知是出世第一妙理。"（《栾城三集》卷九《书传灯录后》）苏辙此段文字说的是熙宁五年（1072），他在任陈州教授期间读《楞严经》的情况，说自己研读佛经已年深日久。他在佛学方面的造诣，其兄苏轼亦予以认可。苏轼的好友、杭州龙井寺辩才法师圆寂，其门人托苏轼作碑文，苏轼转托苏辙代作，是为《龙井辩才法师塔碑》。北宋文人多喜游览寺观，参禅问道，苏辙也不例外。他早年就经常出入寺院，曾随父亲苏洵游成都大圣慈寺中和胜相院，拜见僧惟简；与兄苏轼游成都大慈寺极乐院，观唐代大画家吴道子弟子卢楞伽笔迹。他在后来的为官生涯中，依然乐意访问寺院。元丰二年（1079）五月游泰山灵岩寺，作《灵岩寺》，描绘了"岩高日气薄，秀色如新洗。入门尘虑息，盂漱得清泚"的清幽，赞颂了"一念但清凉，四方皆兄弟。何言庇华屋，食苦当如荠"（《栾城集》卷五）的禅修境界。在第一次贬谪高安的路上，苏辙特意登庐山，游览了栖贤谷，对"右倚石壁，左俯流水，石壁之趾，僧堂在焉，狂峰怪石，翔舞于檐上"（《栾城集》卷二十三《庐山栖贤寺新修僧堂记》）的栖贤寺留下深刻印象。后来栖贤寺新修僧堂，苏辙还应约写了《庐山栖贤寺新修僧堂记》。但这一时期总体而言，苏辙尚未遭受政治大变故，对佛学侧重拓展学识涵养和恬淡的欣赏。

贬谪高安后，苏辙检阅史料典籍，对高安那些有着深厚历史文化积淀的佛道场所兴趣盎然。但因为戴罪在身，不可能有悠游的人生自由和经济条件，加上监盐酒税工作非常繁忙，"昼则坐市区鬻盐、沽酒、税豚鱼，与市人争寻尺以自效。莫（暮）归筋力疲废，辄昏然就睡，不知夜之既旦"。（《栾城集》卷二十四《东轩记》）如此，他望洋兴叹，说："然郡之诸山近者数十里，远者数百里，皆非余所得往。"（《栾城集》卷二十三《筠州圣寿院法堂记》）只能退而选一些就近的寺院参访。其中圣寿寺因为就近，聪禅师又是同乡，苏辙去的次数最多。此外，太平寺，较小的僧房比如小云居、中宫僧舍，他也经常跟着友人寻访。

元丰四年（1081）三月，也就是苏辙贬谪高安的第二年，他有机会同王适等朋友参访大愚寺，并和诗王适以记之。诗的前半段这样写道："东郊大愚山，自古苍蒟林。微言久不闻，坠绪谁当寻。道俗数百人，请闻海潮音。斋罢车马散，万籁俱消沉。新亭面南山，积雾开重阴。萧然偶有得，怀抱方惜惜。"（《栾城集》卷十一《次韵王适游真如寺》）时值春光大好季节，高安下了一场春雨，草木葱茏。身上挟着城市喧嚣的微尘，沿途清亮的溪水洗涤了凡心。大愚寺紧傍锦江之畔，僧人和信众集聚了数百人，恭听梵音江涛共鸣。苏辙等人在寺中吃了斋饭，饭后，人流渐散，周遭陷入一片沉寂。此时环望四围，见角亭遥望南山，雨后沉积的云雾渐渐散开，景色宜人，苏辙的心境变得宁静平和。

北宋士大夫追求圣贤气象，以儒家学说为指导，心系天下，崇尚名节，以社会和谐、国家富强为己任，积极投身于经世济民，同时追求洒脱闲适的个体人格及精神超越。到高安才一年，年过不惑的苏辙，此时"圣贤气象"未褪，傲骨犹存。《战国策》记载：齐国人冯谖穷愁潦倒，寄食于孟尝君门下，终日粗茶淡饭。冯谖怀才不遇，牢骚满腹，三次弹铗唱歌要求提高待遇，孟尝君都不嫌弃而满足了他。最后冯谖为孟尝君"烧债契市义"，建立"狡兔三窟"，辅佐孟尝君夺回齐相宝座。初到高安的当年八月，苏辙在《次韵王适食茅栗》一诗中，借用上述典故，曲折表述自己的怀才不遇，说"故国霜蓬如碗大，夜来弹剑似冯谖"。（《栾城集》卷十）他和高安籍的北宋著名史学家刘恕友善，刘恕之父刘凝之刚直不能事上官，辞官在庐山"隐居绝俗三十余年，神益强，气益坚"。（《栾城集》卷十八《刘凝之屯田哀辞并叙》）苏辙非常钦佩，元丰三年（1080）春，在前往高安的途中特去拜访。当年九月刘凝之去世，苏辙作挽辞，称颂他"洁廉不挠，冰清而玉刚"。（同上）并一语双关说自己将成为刘凝之的同乡，"狷洁之难久兮，吾将与凝乎同乡"。（同上）元丰四年（1081），高安大旱，苏辙作《筠州祈雨青辞》祈雨，"谨归诚天地，请命百神，尚克收如焚之威，以布甘雨，使民得稼穑，各安其居。使我守土之大臣，亦蒙大赐"。（《栾城集》卷二十六）作为儒家士大夫，这些都闪现着苏辙此时侍君报国、爱民之心未泯的主色调。

但官职上的高落差黜降，毕竟是剧烈的人生波折，任何性情通达之人，都不可能快速适应这巨大的心理落差。到高安后，苏辙这样描写自己的处境和心情："微官终日守糟缸，风雨凄凉夜渡江。早岁谬知儒术贵，安眠近喜壮心降。"（《栾城集》卷十《雨中宿酒务》）早年学习治国安邦儒术，如今看来实属谬误。他自咏道："远谪江湖舳尾衔，到来辛苦向谁谈？畏人野鹤长依岭，厌世山僧只住庵。"（《栾城集》卷十《次韵毛国镇、赵景仁唱和三首，一赠毛，一赠赵，一自咏》）把自己比喻为怕见人的野鹤、厌世的山僧。可见在苏辙傲骨尚存的另一面，情绪相当低沉，亟需安放心灵，达臻个体人格和精神的超越。因此在参访大愚寺、面对禅门净地时，苏辙不禁在诗的后半段发出感慨："我坐米盐间，日被尘垢侵。不知山中趣，强作山中吟。"（《栾城集》卷十一《次韵王适游真如寺》）自己任着一介公职，身在米盐之间奔波辛劳，日日被俗世尘垢侵袭，未曾体尝山中避世之趣，只能勉强吟咏在佛门的体验。

此时的苏辙，对佛学禅门尚透着隔雾看花的味道。在初来乍到的一年中，他还在尽量适应自己的职场，工作非常劳累，休息的时间很少，因此对佛学典籍的涉猎和与僧人的交往都有限。这可以从其诗文中看出端倪：从元丰三年（1080）七月到高安，至第二年四月游大愚寺的九个月时间里，苏辙笔下涉及佛禅的诗歌不到五处。相映成趣的是，此时其诗文透出的儒士和道家色彩，比佛学要更为浓郁一些。因此，这一段时间可以看作苏辙在高安学佛参禅的准备阶段，正如他自己所言，处于"不知山中趣，强作山中吟"的层面。

二、"一饱人生真易足，试营茅屋傍僧居"

元丰五年（1082），苏辙在高安的日子进入第三个年头，四月，他再次参访了大愚寺。此时的苏辙，政治失意的痛楚犹在，大致习惯了职场的琐屑和劳累，和僧人的交往明显增多，佛学体修成为其重要生活内容。仍以他的诗文为例，从前次游大愚寺到本次游历的一年时间内，涉及佛禅的诗歌和文章大大增加，其中《庐山栖贤寺新修僧堂记》《筠州聪禅师得法颂并叙》《筠州圣寿院法堂记》等重要文章，均为此年所作。这些日子里，苏辙对佛学的认知有了转折性的深化，个中原因一如他自己所言："夫多病则与学道者宜，多难则与学禅者宜。"（《栾城集》卷二十三《筠州圣寿院法堂记》）此为其人生历程的自我感悟：早年因体弱多病而求之于道术，而今仕途困顿，更宜研修"出世第一妙理"佛学。在后来《逍遥聪禅师塔碑》中，他回忆得更直白："予元丰中，以罪谪高安，既涉世多难，知佛法之可以为归也。"（《栾城后集》卷二十四）

　　北宋以河南开封为京都，从当时文人视角来看，远离政治经济中心的高安，当属偏远小邦，苏辙起初也这么认为，但对道佛文化的追溯，让他改变了自己的成见。在《筠州圣寿院法堂记》中，他叙写自己的心路历程说：高安这地方在溪山之间，水陆交通都不方便，老百姓自得其乐，事业有成的人士不会在这里出没。自己谪迁这里后，间或找一些图书阅览，对这里的历史人文有了了解。东晋道士许逊率徒十二人，以道术救民疾苦，百姓尊奉而受到教化。如今此地道士比他州为多，以至于妇人孺子都喜欢穿道士服装。唐时六祖慧能传佛法教化岭南，再传马祖兴盛于江西。后继洞山有良价，黄檗有希运，真如有大愚，九峰有道虔，五峰有常观。因为有这五个道场，诸方游谈之僧接踵留迹于此，而以禅命名的精舍多达二十四个。高安这两项，其他地方不具备。"考其风俗人物之旧，然后信其宜为余之居也。"（《栾城集》卷二十三《筠州圣寿院法堂记》）如此丰厚的道佛文化积淀，改变了苏辙的成见，居然让苏辙有了归属感，认为这地方对自己来说可谓宜居。

　　除了阅读，苏辙还广接佛缘。苏辙早年也有与僧人交往的经历，在京师为官期间，与云门宗传人大觉怀琏法师、临济宗传人道臻法师都有往来。但和苏轼相比，他同僧道的广泛交往要晚得多。苏轼在任杭州通判时，就已经开始广交僧友，留下许多佳话。而苏辙与僧人的密集交往，起始于贬官筠州期间。这有主、客观两个缘由。主观上，就苏辙本身而言，贬官后心情抑郁，需要从佛学中寻找心灵慰藉；同时戴罪之身不便张扬，以结交少涉人事的僧人为宜，按他自己的话说，"筠州无可语者，往还但一二僧耳"。(《栾城集》卷十三《次韵子瞻行至奉新见寄》)就客观条件而言，高安一地道佛文化深厚，道观佛刹众多，道士僧人常见，为他提供了学佛修道的有利环境。在高安期间，苏辙结识的留下法名的寺僧道长有近二十位，其中交往最深的僧人有：

圣寿寺长老省聪禅师（1040—1095），四川绵州人，云门宗传人，师从浙西静慈大本禅师，南游高安，先后住持真如、开善、圣寿、逍遥四寺。苏辙初贬高安，省聪禅师正住持圣寿寺。因该寺位于城东南，与酒务距离较近，苏辙早出晚归都要路过，加上又是老乡，因此常去座谈，两人交往最为频繁，苏辙为之所记较多。

洞山克文禅师（1025—1102），陕府阌乡（今河南阌乡县）人，早年学儒业，二十岁出家求道，后到黄檗成为慧南弟子，得悟禅法。慧南示寂后，克文在洞山开堂，法嗣三十八人。苏辙到高安，和他一见如故，把他看作自己心性修养的老师，"此心谁复识，试语洞山人"。(《栾城集》卷十一《次韵洞山克文长老》)两人曾彻夜交谈，"今夕客房应不睡，欲随明月到林间"。(《栾城集》卷十三《约洞山文长老夜话》)

景福顺长老（1009—1094），庐山圆通寺讷禅师传人，四川籍。苏辙的父亲苏洵第一次赴京科考未中，回川途中曾到庐山圆通寺拜见讷禅师，当时顺长老追随讷禅师，与苏洵一起游观月余。三十六年之后，苏辙贬高安，此时讷禅师已化去十一年，顺公高龄七十有四，特意从庐山迢迢两百余里前来探望苏辙。苏辙见他神完气定、聪明了达，怀想畴昔，怅然作诗言："相看顺老在，想见讷师贤。岁历风轮转，禅心海月圆。"(《栾城集》卷十一《赠景福顺长老二首并序》)顺长老后来还多次到高安探望过苏辙。

在与僧老的交往中，苏辙对佛学的体修达到了新的境界。洞山克文长老与他的弟子道全禅师，在雪天探访苏辙。苏辙《雪中洞山、黄檗二禅师相访》云："江南气暖冬未回，北风吹雪真快哉。雪中访我二大士，试问此雪从何来？君不见六月赤日起冰雹，又不见腊月幽谷寒花开。纷然变化一弹指，不妨明镜无纤埃。"(《栾城集》卷十一)此诗作于十月，尚非大雪季节，作者追问大雪从何而来，又自答道：酷暑可以落冰雹，严冬还有寒花开,并不奇怪。然后借用五祖弘忍传衣钵袈裟时,引发的慧能与神秀之间著名的"菩提树"和"明镜"之辩,訇然提点禅家之自在:"纷然变化一弹指,不妨明镜无纤埃。"苏辙曾诚意向聪禅师询问学佛之道,聪禅师说:我的师父从来不以道示人,都是顺其自然,自觉自悟。我今天也没有什么可以告示于你。这一番开示,使苏辙对禅宗的"即心即佛,佛法全在自悟"之说大有省觉,颂曰:"道不可告,告即不得,以不告告,是真告敕。"(《栾城集》卷十八《筠州聪禅师得法颂并叙》)

这一年来,苏辙对高安一地的道佛文化有了全面了解,与僧人面对面的交流,使他对佛禅真谛有了更深的参悟,对自己的处境渐趋泰然,而于佛禅的向往,则变得真切起来:"风光四月尚春余,淫雨初干积潦除。古寺萧条仍负郭,闲官疏散亦肩舆。摘茶户外烝黄叶,掘笋林中间绿蔬。一饱人生真易足,试营茅屋傍僧居。"(《栾城集》卷十一《雨后游大愚》)

暮春一场大雨之后,路上积水初干。来到大愚寺,苏辙觉得自己眼下的境况类乎于面前的古寺:几百年的古寺萧条了,但还紧傍着高安市区;自己被贬成了闲官,但还承担着公务职责。这一联可谓奇思妙想,寺院和游客物我两通,且遣词设韵,对仗极为工整,无愧于大文学家手笔。在寺外萧索之地摘点儿茶叶,煮出黄叶茶汤,再从竹林里掘些春笋蔬菜,做一顿斋饭品尝,苏辙直接体验了果腹自饱的禅僧生活。此时,佛禅体修的深化,让苏辙身临困境而雍容坦然。他对佛寺的向往,不再停留在去年"强作山中吟"的层面,觉得粗茶淡饭的人生实在太满足了,很想试一试在寺院旁建个茅屋住下来,过一过和僧人一样与世无争的生活。

三、"反复自为计,定知山中宜"

苏辙自录的第三次游大愚寺,是在元丰七年(1084)八月。几年来,阅经参禅成了苏辙公务之余重要的活动内容。他反复记述阅读佛经的情境:"闭门何所事,毛发日青青……调心开贝叶,救病读难经。"(《栾城集》卷十二《次前韵》)"目断家山空记路,手披禅册渐忘情。"(《栾城集》卷十一《次韵子瞻与安节夜坐三首之二》)还有友朋僧人热心开导:"近来

寄我《金刚》颂，欲指胸中无所还。"(《栾城集》卷十二《次韵李朝散游洞山二首》)

与此同时，苏辙继续保持着与僧人们的往来，诗作唱和不断。他为僧人们的向佛意志和修行操守所感动：石台寺问长老，成都人，"弃俗出家，手写《法华经》，字细如黑蚁，前后若一，将诵之万遍，虽老而精进不倦，胁不至席者二十有三年"。(《栾城集》卷十二《赠石台问长老二绝并序》)苏辙看了，马上自我反省说，我到高安后懒而好睡，"见之惕然自警"。(同上)他在后来的《逍遥聪禅师塔碑》中追忆与聪禅师的交往，言"师性静默，与物无忤，所居不问有无，安于戒律，不知持犯之别。平居未尝谈说，叩之辄衅衅不竭。予见之二十年，口不言人过"。(《栾城后集》卷二十四)苏辙对其感佩之深，溢于言表。

在与僧人们的交往和唱和中，苏辙的禅修已有相当境界。洪休上人早年读书，因身体多病而出家，发善愿为马祖修塔，当然积了功德。此人肯定是个诗歌爱好者，拿着自己写的三首绝句，来拜谒苏辙。苏辙读了作答道："早除郎将少年狂，祖塔结缘归故乡。习气未消余业在，逢人依旧琢诗章。"(《栾城集》卷十三《洪休上人少年读书，以多病出家。居泐潭，为马祖修塔。以三绝句来谒，答一首》)前两句赞扬了他的善念善行，后两句却批评了他那种俗念未消、拿着诗歌示人的功利习气。苏辙称和洞山文长老一见如旧相识。文长老平日说法，其徒辑有语录，苏辙读了大有触动："读之纵横放肆，为之茫然自失。盖余虽不能诘，然知其为证正法眼藏，得游戏三昧者也。"(《栾城集》卷二十五《洞山文长老语录叙》)因此特意为其语录写了序言。

正是在这样的情境之下，苏辙忙里偷闲，又一次游览了大愚寺。非常巧合的是，在寺中遇到了来自浙江余杭明雅寺的照禅师。照禅师声称自己与苏辙之兄苏轼相识，说当年苏轼在杭州任通判，走遍了那里的佛寺禅院，留下了许多诗歌唱和，并且和那里的高僧谈禅论佛，相交甚欢。得知苏辙就是苏轼的弟弟，照禅师很高兴，两人结下了友谊。照禅师离开高安时，苏辙特意为他作诗送行。

"五年卖盐酒，胜事不复知。城东古道场，萧瑟寒松姿。"(《栾城集》

卷十三《偶游大愚，见余杭明雅照师，旧识子瞻，能言西湖旧游。将行，赋诗送之》）苏辙在诗的开首四句，叙写了自己近五年职场的辛劳，以及对世事的闭塞默然。城东大愚古道场和萧瑟寒松令人向往。在千里迢迢外，居然遇到了兄长当年的旧友，"出游诚偶尔，相逢亦不期"（同上）两句，颇有杜甫《赠卫八处士》句"人生不相见，动如参与商"的感慨，更有人生无常、因缘随处可在的禅机。

照禅师显然对苏辙奔波于酒糟盐缸之间的生活有所不解："问何久自苦，五斗宁免饥。俯首笑不答，且尔聊敖嬉。"苏辙的这个态度，可以参照其元丰三年（1080）写的《东轩记》。他在《东轩记》一文中回顾自己被盐酒杂物缠得头昏脑胀，终于明白了孔子的大弟子颜回之所以箪食瓢饮居于陋巷，甘于贫贱而不肯求斗升之禄以自给，乃是因为职场忙碌会妨害心性学问。然后苏辙分析了自己的状况，认为颜回那种境界"盖非有德不能任也"，"余方区区欲磨洗浊污，晞圣贤之万一，自视缺然，而欲庶几颜氏之福，宜其不可得哉"！"余既以谴来此，虽知桎梏之害而势不得去，独幸岁月之久，世或哀而怜之，使得归伏田里，治先人之敝庐，为环堵之室而居之，然后追求颜氏之乐。"（《栾城集》卷二十四《东轩记》）苏辙对自己现实境遇头脑很清醒，在罪遣高安的日子里，他不具备超然索居的条件，还得接受监督，尽职尽守。争取有朝一日能回乡安度晚年，已属奢望，哪有可能脱离政治控制，去追求箪食瓢饮的颜氏之乐。因此他面对照禅师"五斗宁免饥"的发问，只能以"俯首笑不答"作答。

改变现实几无可能，苏辙不得不在亦官亦隐的处世方法中聊遣岁月。而在内心深处，他对佛禅的神往反而变得愈发清晰："我兄次公狂，我复长康痴。反复自为计，定知山中宜。"他带着戏谑的口吻说：我兄为次公痴狂，我亦沉迷于长康。反反复复为自己思量计划，最适宜的地方还是在山中啊。这不是苏辙的虚言，而是他后来真切的实践。

因为与父亲苏洵的一段因缘，景福寺顺长老与苏辙的关系至为密切。元丰七年（1084），苏辙曾问道于顺长老，两人的往来应答，后来成为一段禅林佳话。《五灯会元》立足于这段史实，将参政苏辙居士正式列为上蓝顺禅师法嗣，记叙传承印可的过程说：苏辙被贬高安的时候，洪州上蓝顺禅师因为和苏辙的父亲苏洵有过交往，心缘相契，所以往访苏辙，两人相得欢甚。"公咨以心法，顺示搐鼻因缘。已而有省，作偈呈曰：中年闻道觉前非，邂逅相逢老顺师。搐鼻径参真面目，掉头不受别钳锤。枯藤破衲公何事，白酒青盐我是谁。惭愧东轩残月上，一杯甘露滑如饴。"（《五灯会元》卷十八）

关于搐鼻，来源于马祖道一和弟子百丈怀海一段著名的公案，《碧岩录》第五十三所举便是。言怀海侍马祖外出，见一群野鸭飞过，马祖问：是甚么？怀海答：野鸭子。马祖又问：飞往何处？怀海答曰：飞过去了。马祖扭住怀海的鼻子，怀海负痛失声。马祖责问：还说飞过去了？怀海经一番磨砺思辨，终于悟得马祖禅法。此公案大致有三层含义：其一，马祖言凡所见色，皆是见心，万法皆依如来藏缘起而虚幻，所谓"野鸭子""飞去"均虚妄不实。"（参禅人）若只依草附木，认个驴前马后，有何用处？"（《碧岩录》卷六）怀海未悟，故马祖扭鼻子警醒之。其二，马祖倡即心即佛，守住本心即修道，一念外驰即造作。怀海两度回答，其心都跟从外境随声逐色，即"父母所生鼻孔却在别人手里"。（同上）马祖扭其鼻是责问他，佛性本心飞哪去了？其三，"遍界不藏，全机独露。触途无滞，著著有出身之机"。（同上）马祖认为：一切施为，尽是法性，日常生活皆为道。只要不离佛法本心，即可随处观照万物，体认佛法，野鸭子亦充满禅机。怀海未参透野鸭子飞过的法性，马祖遂扭其鼻子以开悟。

苏辙在顺长老"搐鼻"后，当场敏捷作七律偈诗应答，说明他具备丰富的佛学知识，完全掌握禅法的公案机理。其中"枯藤破衲公何事，白酒青盐我是谁"一联，直透万法皆空、心外无佛、随处见禅的禅学真谛。顺长老传承临济黄龙，黄龙慧南开示："凡圣情尽，体露真常，但离妄缘，即如如佛。"（《黄龙慧南禅师语录》）他说凡夫与圣者皆具佛性，不同之处在于迷或觉。只要抛离妄缘，就可以达到佛的涅槃境界。苏辙以诘问顺禅师苦修何为、自己操劳监盐酒税本性何在的形式，同时揭示了众生佛性平等和诸法无相真谛。这一禅机丰厚的偈诗，当场得到了顺长老的认可。

这一段故事发生在元丰七年（1084），十年后的绍圣元年（1094），苏辙再次被贬高安。此时顺长老已圆寂年余，苏辙为其作《香城顺长老真赞并引》，完全印证了十年前的这段往事："长老顺公，昔居圆通，从先子游数日耳。顷予谪高安，特以先契访予再三。予尝问道于公，以搊鼻为答。予即以偈谢之曰：'搊鼻径参真面目，掉头不受别钳锤。'公颔之。绍圣元年，予再谪高安，而公化去已逾年矣。其门人以遗像示予，焚香稽首而赞之曰：与讷皆行，与琏皆处。于南得法，为南长子。成就缁白，可名为老。慈愍黑暗，可名为姥。我初不识，以先子故。访我高安，示搊鼻语，再来不见，作礼缣素。向也无来，今亦奚去！"（《栾城后集》卷五）

苏辙这段文字不仅高度赞扬了顺长老佛学高深、僧德无上，同时追溯自己和顺长老禅机应答之事，等于认可了自己的弟子身份。禅门学人是否开悟，需由禅师印可。顺长老既然印可了苏辙的偈答，苏辙当然成了顺禅师的俗世弟子。所以，《五灯会元》把苏辙列为黄龙一脉顺禅师法嗣，自有相当的依据。苏辙也终证了自己"反复自为计，定知山中宜"一谶。

在朝廷新旧党争的波澜中，苏辙再陷宦海，一度曾高居尚书右丞之位，但随后又二贬高安。无论宦海如何沉浮，佛禅道学已经成为苏辙中晚年极为重要的精神依托。第二次贬谪高安时，苏辙的生活主要是闭门读书，复理旧学，从事学术著述。另一方面，他浸淫于佛禅，借佛家出世情怀，缓释自己的愁绪："子自十年来，于佛法中渐有所悟，经历忧患，皆世所希有，而真心不乱，每得安乐。"（《栾城后集》卷二十一《书楞严经后》）。可以说，杜门自省、研修佛理、祈求安宁、回避社会，是苏辙后期心态的主要特征。晚年的苏辙，更是闭门谢客，将禅学道论与儒学汇融，以"复性说"成就了自己安身立命之论。而高安，这个和苏辙有着不解之缘的偏远小城，正是其佛学观的转折点。在《送琳老还大明山》一诗中苏辙说："身老与世疏，但有世外缘。五年客江西，扫轨谢往还。依依二三老，示我马祖禅。身心忽明旷，不受垢污缠。"（《栾城集》卷十四）这是他对自己在高安禅修精进情况客观而真实的写照。

苏 轼

苏轼(1037—1101),字子瞻,又字和仲,号东坡居士,世称苏东坡。北宋著名文学家。四川眉州眉山人,祖籍河北栾城,其父苏洵,其弟即为苏辙。嘉祐二年(1057),进士及第,神宗时曾在凤翔、杭州、密州、徐州、湖州等地任职。哲宗即位后,曾任翰林学士、侍读学士、礼部尚书等职,并出知杭州、颍州、扬州、定州等地。晚年被贬惠州、儋州。宋徽宗时获大赦北还,途中病逝于常州。宋高宗时追赠太师,谥号"文忠"。

苏轼可称文艺全才,在诗、词、散文、书、画各方面均取得极高成就。其诗题材广阔,清新豪健,与黄庭坚并称"苏黄";其词拓豪迈一路,与辛弃疾同为豪放派代表,并称"苏辛";其散文著述宏富,豪放自如,与欧阳修并称"欧苏",为"唐宋八大家"之一。苏轼精书法,居"宋四家"苏黄米蔡之首;工画,擅墨竹、怪石、枯木。在中国文学艺术发展史上,苏东坡永远是说不完的话题。

北宋元丰七年(1084),苏轼曾前来筠州(今江西高安)探望其弟苏辙,并参访了大愚寺。这一趟高安之行,有它的来龙去脉。

一、"古刹访禅祖"

熙宁二年(1069),神宗任用王安石推行变法,意在富国强兵,改变宋朝积贫积弱的局面,但在具体执行过程中暴露出不少问题,由此引发支持变法的新党和反对变法的旧党之间的长期斗争。苏轼立场偏于传统,多次奏呈指出新法的弊端。熙宁四年(1071),他不满意王安石的独断专行,在进士策问时特意出题设问："晋武平吴，以独断而克；苻坚伐晋，以独断而亡。齐桓专任管仲而霸，燕哙专任子之而灭，事同而功异。"（《宋史·苏轼传》）因而触犯王安石。王安石让御史谢景温论奏苏轼之过，但查不出问题。苏轼自请外放，到杭州担任通判。熙宁七年（1074）调密州（今山东诸城）任知州，后短期到徐州任知州。

元丰二年（1079），四十三岁的苏轼，调任湖州知州，按例给皇上写了一封《湖州谢上表》。苏轼性情放达，免不了牢骚几句，称自己"性资顽鄙，名迹湮微。议论阔疏，文学浅陋。凡人必有一得，而臣独无寸长"，自嘲"愚不适时，难以追陪新进"，"老不生事，或能牧养小民"。（《苏轼文集》卷二十三）新党就此认为他"衔怨怀怒"，随即从他其他诗作中挑出一些句子，指斥以诗托讽，讪谤朝廷，将他逮捕，解往京师。这就是北宋著名的"乌台诗案"，数十人为此受到牵连。苏轼一时陷于重罪危境，朝中大臣多有为他疏谏开脱者，弟弟苏辙上书，愿以削夺官职为其折罪而未获准。此时王安石已退居江宁（今南京），他虽然一直很不满意苏轼对变法的态度，但认为苏轼为百年难觅之人才，马上作书呈神宗，说哪有圣世而杀才士的？神宗改变主意，将苏轼解监，贬其为黄州（今湖北黄冈）团练副使，本州安置。

元丰七年（1084）四月，神宗念苏轼人才难得，下诏内迁汝州，由黄州团练副使改授汝州团练副使。汝州位于嵩山之南的河南省中西部，地理位置上更接近东京开封，这意味着朝廷对苏轼的态度转暖。此时，其弟苏辙因受其牵连被贬，仍在筠州（今江西高安）任监盐酒税。在调任之前，苏轼专程前往筠州探访苏辙，以作告别。他于四月二十九日到达筠州，至五月九日离开，总共驻留了十天。这十天中有一项重要的活动内容，就是参游大愚寺。

苏轼参访大愚寺那天，正值端午。兄弟多年未曾谋面，值此佳节，本来苏辙陪同一起去属情理之中。但节日的酒务比平日更为繁忙，苏辙脱不了身，就让自己三个儿子陪同苏轼前往大愚寺。这次行程，苏轼以《端午游真如，迟、适、远从，子由在酒局》（《苏轼诗集》卷二十三）为题，作诗记录如下：

> 一与子由别，却数七端午。身随彩丝系，心与昌歜苦。
> 今年匹马来，佳节日夜数。儿童喜我至，典衣具鸡黍。
> 水饼既怀乡，饭筒仍愍楚。谓言必一醉，快作西川语。
> 宁知是官身，糟曲困熏煮。独携三子出，古刹访禅祖。
> 高谈付梁罗，诗律到阿虎。归来一调笑，慰此长龃龉。

　　苏轼这首诗，明显将兄弟相会、侄儿相聚的欣悦放在首位。苏轼和苏辙两人的情谊，一直传为美谈。兄弟俩早年共读，一起随父亲出川，是仁宗一朝同科进士。两人政治观点一致，相互支持，尤其是"乌台诗案"，苏辙挺身愿以削夺自己的官职为苏轼折罪，《宋史·苏辙传》赞为"患难之中，友爱弥笃，无少怨尤，近古罕见"。艰困的贬谪生活过了这么多年，好不容易等到兄弟相会的日子，苏轼兴奋的心情可以体会。诗歌开首写尽了思念之苦和即将见面的急迫心情，然后详细叙述见面的热闹场景，少不了一醉方休的嚷嚷，字里行间跳荡着无比的喜悦。苏轼完全理解苏辙酒务繁忙的窘境，自个儿携三个侄儿，前往大愚寺游览。三个侄儿，苏迟，字伯充，小名梁；苏适，字仲南，小名罗；苏远，字叔宽，小名虎儿。他全程掩抑不住兴奋，一路高谈阔论，甚至和刚满十岁的"阿虎"谈起了诗律。回到苏辙家里，兄弟家人热络调笑一番，以此作为几年来离别愁绪的慰藉。

　　苏辙很快应和，作《次韵子瞻端午日与迟、适、远三子出游》一首。除了感慨兄弟相会时间的短暂，"平生手足亲，但作十日语"（《栾城集》卷十三），更多的是"丹心变为灰，白发粲可数""士生际风云，富贵若骑虎。奈何贫贱中，所欲空龃龉"（同上）的人生感叹。苏轼性情旷达洒脱，苏辙相对内敛拘谨，从两人诗歌可见一斑。

　　虽然苏轼诗歌的兴奋点全在兄弟相会，提及大愚寺只有一句话，但我们据此仍可解读出相当丰富的信息：苏轼来高安，主要目的在于和苏辙见面，解兄弟思念之苦，"十日留公谈，欲作白莲会"（《栾城集》卷十三《次韵子瞻行至奉新见寄》），两人大量时间用于交谈倾吐。这十天中，诗作记录有两次外出游览：一次前往金沙刘村拜访长者刘伯平，另一次即苏轼携三侄儿到大愚寺参访。苏轼远道而来，为什么把大愚寺作为参访重点？

他在诗中讲得很清楚："古刹访禅祖。"在佛教界,"祖"当为尊称释迦如来。但苏轼此处的"禅祖",却指临济宗祖师义玄和他的开悟之师大愚禅师无疑,否则他不可能用一谓语"访"字和如来佛祖连缀。饱读诗书、满腹经纶、精研佛禅的苏轼,对古刹大愚寺沉厚的历史,对大愚禅师点拨义玄悟道、义玄创临济宗遍行天下、大愚可称"禅祖"的典故,一定早有了解,心头抱持参访意愿已久,这才有了到高安后对大愚寺的专程参拜游览。应该说这次游访,了结了他的夙愿。

二、"前身即戒和尚"

苏东坡高安的十天逗留,兄弟情笃的会面,和对大愚寺的参访,却引出了一个关于苏轼前世为五祖师戒和尚,延绵宋、元、明数朝长盛不衰的故事。

苏轼和佛门的关系渊源很深。早在南宋淳祐年间刊行的《五灯会元》卷十七,已经明确把"内翰苏轼居士"列在"东林总禅师法嗣"第十六位。东林常总禅师(1025—1091),即广惠禅师、照觉禅师,临济黄龙派祖师慧南大师传人。宋神宗元丰三年(1080),敕改庐山东林律寺为禅寺,常总禅师奉命驻锡说法。宋神宗元丰七年(1084),苏东坡从贬谪地湖北黄州迁河南汝州,途经庐山游历十余日,盛赞庐山山谷奇秀,平生所罕见,并作诗以记。后几天与常总禅师同游西林寺,写下了千古名篇:"横看成岭侧成峰,到处看山了不同。不识庐山真面目,只缘身在此山中。"(《苏轼文集》卷六十八《自记庐山诗》。按:东坡此诗在《自记庐山诗》一文中并无题目,第二句为"到处看山了不同"。后有改为"到处看山各不同"的,并题为《庐山》。以《题西林壁》为题,并最终将第二句改为"远近高低各不同",最早见于明人程宗始编的《东坡七集》。)当晚宿东林,苏轼与常总讨论"无情话",有所感悟,至黎明献七言偈颂:"溪声便是广长舌,山色岂非清净身。夜来八万四千偈,他日如何举似人?"(《五灯会元》卷十七)这是苏轼向常总禅师学禅并得到印可的明确记录。后来苏轼到荆南,听说玉泉皓禅师机锋凌厉不可触,很不服气,微服求见。皓禅师问:"尊官高姓？"苏轼答："姓秤,乃称天下长老底秤。"皓师大喝一声,问道："且道这一喝重多少？"苏轼无言以对,于是对皓禅师尊礼有加。苏轼后来过金山,"有写公照容者(《金山县志》载为著名画家李公麟给苏轼所画之像),公戏题曰：'心似已灰之木,身如不系之舟。问汝平生功业,黄州惠州琼州。'"（同上）

《五灯会元》列苏轼为照觉禅师法嗣,以上述三事为其行状。事实上,苏轼对照觉禅师也的确充满景仰,在照觉禅师圆寂后,苏轼作颂："忠臣不畏死,故能立天下之大事。勇士不顾生,故能立天下之大名。是人于道亦未也,特以义重而身轻。然犹所立如此,而况于出三界,了万法,不生不老,不病不死,应物而无情者乎？堂堂总公,僧中之龙。呼吸为云,嚏欠为风。且置是事,聊观其一戏。盖将抚掌谈笑不起于坐,而使庐山之下,化为梵释龙天之宫。"（《苏轼文集》卷二十二《东林第一代广惠禅师真赞》）苏轼对照觉禅师的评价之高,超乎一般。由此观照,佛门把苏轼列为照觉禅师法嗣,并非枉编。

明末朱时恩辑有《居士分灯录》一书,共两卷,书成于崇祯五年（1632）。这本书仿效佛家的传灯录,专门辑录历史上著名的居士信众事迹,共计一百一十人,其中包括唐代的韩愈,宋代的苏东坡、朱熹,明代的宋濂等。关于苏轼,书中以史实记述的笔法,把流传的关于苏轼前世即五祖师戒和尚,以及前后因缘,一一载录。

关于苏轼乃五戒禅师转世,《居士分灯录》下卷中是这样记载的：

苏子瞻,眉山人,名轼,号东坡。初母程氏方娠,梦一僧至门,瘠而眇。后弟辙官高安时,真净文圣寿聪时时相过从。一夕三人同梦迎五祖戒,俄而轼至,理梦事,轼曰："某年七八岁,尝梦身是僧,往来陕右。"真净曰："戒禅师陕右人也,暮年弃五祖,来游高安,终于大愚。"逆数盖五十年。而轼时年四十九,又戒眇一目,乃悟轼前身即戒和尚云。

这个传闻,最早出现在北宋僧人惠洪（1070—1128）的《冷斋夜话》中,在他编撰的《禅林僧宝传》卷二十九也载录过,内容稍有出入。其后各类有关书记和地方志的记载,均源自于此。《冷斋夜话》题为《梦迎五祖戒禅师》,原文如下：

苏子由初谪高安时，云庵居洞山，时时相过。聪禅师者，蜀人，居圣寿寺。一夕，云庵梦同子由、聪出城迓五祖戒禅师，既觉，私怪之，以语子由，未卒，聪至。子由迎呼曰："方与洞山老师说梦，子来亦欲同说梦乎？"聪曰："夜来辄梦见吾三人者，同迎五戒和尚。"子由拊手大笑曰："世间果有同梦者，异哉！"良久，东坡书至，曰："已次奉新，旦夕可相见。"三人大喜，追笋舆而出城，至二十里建山寺，而东坡至。坐定无可言，则各追绎向所梦以语坡。坡曰："轼年八九岁时，尝梦其身是僧，往来陕右。又先妣方孕时，梦一僧来托宿，记其颀然而眇一目。"云庵惊曰："戒，陕右人，而失一目，暮年弃五祖来游高安，终于大愚。"逆数盖五十年，而东坡时年四十九矣。后东坡复以书抵云庵，其略曰："戒和尚不识人嫌，强颜复出，真可笑矣。既法契可，痛加磨砺，使还旧观，不胜幸甚。"自是常衣衲衣。

该书同卷中还载录：

哲宗问右珰陈衍："苏轼衬朝章者何衣？"对曰："是道衣。"哲宗笑之。及谪英州，云居佛印遣书追至南昌。东坡不复答书，引纸大书曰：戒和尚又错脱也。后七年复官，归自海南，监玉局观。作偈戏答僧曰："恶业相缠卅八年，常行八棒十三禅。却着衲衣归玉局，自疑身是五通仙。"（《冷斋夜话》卷七《苏轼衬朝道衣》）

《冷斋夜话》的这些说法，并未在苏轼自己的诗文中见录，传说的成分更多。与《居士分灯录》比较起来，记载的基本情节一致，但细节上有多处不同。人们一般更乐意采用《居士分灯录》的记载。此书虽然刊行晚在明代，但形式上为人物传记，体裁和笔法比较严谨，不事夸张，其收尾一"云"字，本身就含着传说的意思。而学者多将《冷斋夜话》列为小说诗话类书籍，文艺色彩更重一些。刊行后，自宋代晁公武到当代郭绍虞，都对该书有非议，认为书中多有假托，多夸诞，时见伪造之病和剽窃之弊，郭绍虞先生更直接认为《冷斋夜话》连诗话都算不上。

惠洪一名德洪，北宋诗僧，字觉范，自号寂音尊者，俗姓喻（一作姓彭），江西宜丰县桥西乡潜头竹山里人，当时属于筠州高安县境内。十四岁父母双亡，入寺为沙弥，十九岁入京师，于天王寺剃度为僧（当时领度牒较难，乃冒用惠洪度牒，以惠洪为己名）。后南归庐山，依归宗寺真静禅师，又随之迁靖安宝峰寺。惠洪因冒用惠洪名和结交党人，两度入狱。曾被发配海南岛，直到政和三年（1113）才获释回籍。从惠洪的阅历来看，他对故乡筠州有第一手资料的掌握，加上早年即入沙门，和黄庭坚等大文学家有交往，于佛教和文学都有深度的介入和把握。因此从行文本身看，惠洪在人物身份交代、事情的开头与尾声、人物的细节描写乃至地名等方面，都比明朱时恩的文字要更为详尽。他的载录肯定有传闻扭曲，但完全视为想象亦非客观。自惠洪以后，苏东坡自认"前身即戒和尚"的故事就流传了开来。

三、"自非从般若来，其何以臻此"

任何人物事迹的被扭曲夸大，都有其方方面面的主客观原因，苏轼前世乃五祖戒禅师的说法也不例外。我们查阅苏轼、苏辙两人的相关诗文，可以追溯到一些蛛丝马迹。

该故事最主要的情节是"梦"，由梦而引发诧异，以五祖戒禅师转世而解梦圆梦。查苏辙文集，有一段记载：苏辙第一次贬谪高安，与圣寿寺省聪长老过从甚密。五年后苏辙离开高安，省聪长老退居黄檗山不再复出。当苏辙第二次再贬高安时，省聪长老出山见苏辙，说："吾梦与君游于山中，知君复来，去来宿缘也，无足怪者。"（《栾城后集》卷二十四《逍遥聪禅师塔碑》）省聪长老多年隐退黄檗山，做了一个与苏辙伴游的梦，苏辙果真二次被贬，又来到高安与他见面了。这个被苏辙亲笔记载的宿缘情节，与传说的相似度相当之高，很可能就是那个两僧同梦师戒禅师，而苏轼继而来到高安的传说的源头。

据惠洪载录：苏轼前来高安，行至邻县奉新，先致信给苏辙报行踪。查苏轼兄弟来往唱和，苏轼来筠州途中，有《将至筠，先寄迟、适、远三犹子》一诗给苏辙，极为关切三个侄儿。苏辙接到诗信，作《次韵子瞻特来高安相别，先寄迟、适、远，却寄迈、迨、过、遁》以答，汇报一家孩子的情况。此间并无苏轼在奉新发寄行程时日书信，通报给苏辙一说。倒是在苏轼结束探访、离开高安路经奉新时,确有诗信给苏辙:"双鹊先我来,飞上东轩背。书随好梦到,人与佳节会。一欢难把玩,回首了无在。却渡来时溪,断桥号浅濑。茫茫暑天阔,蔼蔼孤城背。青山眊瞵中,落日凄凉外。盛衰岂吾意,离合非所碍。何以解我忧,粗了一事大。"(《苏轼诗集》卷二十三《初别子由至奉新作》)

苏辙接信后有诗和答:"四年候公书,长视飞鸿背。十日留公谈,欲作白莲会。筠州无可语者,往还但一二僧耳。匏瓜一遭系,卖酒长不在。夜归步江溍,明月照清濑。心开忽自得,语异竟非背。一尊谈笑间,万事寂寥外。欲同千里行,奈此一官碍。何年真耦耕,举世无此大。"(《栾城集》卷十三《次韵子瞻行至奉新见寄》)这番诗信往来,证明奉新县与高安的书信往来比较方便,因此苏轼来高安时,从奉新发信通报到达高安时辰,就通信条件而言是可行的。尤其是苏轼诗中写到此番来高安时,"双鹊先我来,飞上东轩(苏辙居所)背。书随好梦到,人与佳节会",将书信和"好梦"相连缀,给二僧同梦的情节,也埋了个小小的伏笔。

此外,苏轼本人还是写梦的高手,在来高安探望苏辙的前两年,即元丰五年(1082),他在黄州写的《后赤壁赋》中,就载录过自己的梦境:"须臾客去,予亦就睡。梦一道士,羽衣蹁跹,过临皋之下,揖予而言曰:'赤壁之游乐乎?'问其姓名,俯而不答。'呜呼噫嘻,我知之矣。畴昔之夜,飞鸣而过我者,非子也耶?'道士顾笑,予亦惊悟。开户视之,不见其处。"(《苏轼文集》卷一)苏轼此类自录梦境相当之多,恐怕也可视作传闻演变的基因之一。

关于苏轼说他的母亲怀孕时"梦一僧来托宿,记其顾然而眇一目",我们会联想到苏轼的《应梦罗汉记》:"元丰四年(1081)正月二十一日,予将往岐亭,宿于团封。梦一僧破面流血,若有所诉。明日至岐亭,过一庙,中有阿罗汉像,左龙右虎,仪制甚古,而面为人所坏,顾之悯然,庶几畴昔所见乎!遂载以归,完新而龛之,设于安国寺。四月八日,先妣武阳君忌日,饭僧于寺,乃记之。"(《苏轼文集》卷十二)这个记载,虽然与苏轼母亲怀孕无关,但苏轼梦见破面流血僧,念及母亲笃信佛教,效仿母亲的仁慈,修复破损阿罗汉像,安放安国寺,又特在母亲忌日到安国寺供奉。这就把梦僧和母亲挂起钩来，隐隐中为后来的传闻提供了"母亲"和"梦僧"两个支点。

师戒禅师被拉到这个故事中，和苏轼自己的行踪巧合有直接关系。元丰七年（1084），就在苏轼动身到高安前的三月，他作了一首《五祖山长老真赞》："问道白云端，踏着自家底。万心八捧禅，一月千江水。"（《苏轼文集》卷二十二）此时，长期住持五祖山的师戒禅师圆寂已有五十年，但苏轼以五祖山长老为颂赞对象，不能不引发人们对当初声名远播、僧徒众多的师戒禅师的联想。而苏轼的行踪也太巧合了，三月刚刚诗赞了五祖山长老，五月端午就到高安游访大愚寺，恰巧师戒禅师五十年前寂灭于大愚寺，而苏轼年近五十。没有比这些叠加的巧合，更能让人浮想联翩的了。

关于苏轼前世系僧人的传说，源头可能更在他自己。苏轼本人相信转世轮回之说，在杭州任职时曾游西湖寿星寺，据《春渚纪闻》载，寿星寺老僧则廉回忆，苏轼曾与参寥子同登方丈，对参寥子说：我平生从来没来过这里，但眼前看到的，都像我曾经亲历一样，从这里上至忏堂，应该有九十二级。参寥子马上派人数了一下，果然和苏轼说的一样。苏轼还对参寥子说："某前身，山中僧也。今日寺僧，皆吾法属耳。"（《春渚纪闻》卷六）这件事，苏轼自己也当真："在杭州尝游寿星院，入门便悟曾到，能言其院后堂殿山石处，故诗中尝有'前生已到'之语。"（《苏轼文集》卷四十九《答陈师仲主簿书》）类似说自己前世为僧的，在苏轼诗文中并不罕见。宋哲宗绍圣元年（1094），苏轼再次遭贬。南迁惠州路上，他拜谒了六祖慧能道场曹溪南华寺，作《南华寺》："云何见祖师，要识本来面。亭亭塔中人，问我何所见？可怜明上座，万法了一电。饮水既自知，指月无复眩。我本修行人，三世积精炼。中间一念失，受此百年谴。抠衣礼真相，感动泪雨霰。借师锡端泉，洗我绮语砚。"（《苏轼诗集》卷二十二）苏轼参拜六祖慧能真身坐像，回首自己平生的坎坷，止不住泪若滂沱。诗中他自称前生三世都在佛门修行精炼，只可惜一念之差，落入尘世，招来百年遭遣的孽业。或许，苏东坡私下真的自以为是僧人转世，而作为想象力极为丰富的文人，似真非真地写下如此文字，本身无可厚非。

不过，由此也铺就了师戒禅师转世一说走上舞台的红地毯。

上述这些，均可视为有关师戒禅师转世苏东坡这一传说的原生态因素。但任何人物被夸张成为神话，还需要两个重要条件，即人物本身的社会影响力，以及传说赖以生存的社会价值观念取向。如果人物本身的社会影响力有限，人们的关注度不高，添油加醋也就没了兴致。苏轼社会影响力之大不言而喻，仅以他元丰七年（1084）上庐山为例，当时他从贬居地黄州转河南汝州，专意登游庐山。"仆初入庐山，山谷奇秀，平生所未见，殆应接不暇，遂发意不欲作诗。已而见山中僧俗，皆云：'苏子瞻来矣！'不觉作一绝云：'芒鞋青竹杖，自挂百钱游。可怪深山里，人人识故侯。'"（《苏轼文集》卷六十八《自记庐山诗》）苏轼进山，政治待遇尚未根本改变，本想芒鞋青杖低调而行，没打算作诗。不想名声实在太大，山中僧人个个奔走相告，都嚷嚷着"苏子瞻来了"，苏轼难免虚荣，禁不住吟出诗句"可怪深山里，人人识故侯"，自得之情溢于言表。

至于在朝廷和文人官宦群体中，苏轼的名声更是了得。他罪陷"乌台诗案"，新老大臣出面斡旋，都认为他人才难得，即便如政治歧见极深的王安石，对其才华也评价极高，并且上书劝谏神宗赦免苏轼。而神宗皇帝本人，对苏轼的才华更是赞赏有加。哲宗当政后，宣仁皇太后掌权，停新法启用旧党，苏轼回朝廷任翰林学士兼侍读。有一次入对宣仁皇太后于便殿，太后问道：你前年是什么官？苏轼说：臣为常州团练副使。太后又问：今年你为何官？苏轼说：臣今待罪翰林学士。太后说：为什么这么快到了现在的职位？苏轼说：那是因为臣遇到了您太皇太后和皇帝陛下。太后说：不是。苏轼说：莫不是诸位大臣推荐？太后说：也不是。苏轼大为吃惊道：臣虽然没有什么好德行，但绝对不敢钻营其他途径以博取官位！太后说：你不知道，这其实是先帝（神宗）的意旨啊。先帝每诵读你的文章，必赞叹说"奇才！奇才"，只是没能及时任用你。"轼不觉哭失声。宣仁后与哲宗亦泣，左右皆感涕。"（《宋史·苏轼传》）这段记载说明，苏轼才气至高，名声盛大，即便在贬黜苏轼到黄州的日子里，神宗还在阅读和夸赞苏轼的华章奇文。

以苏轼如此才华名望，他这一趟十天的高安之行，被当地的老百姓以及当时的文人学士传为佳话，然后不断演绎夸大甚至神话，乃是情理之中。

　　同时，重要人物的扭曲传闻，实际上反映着当时的社会价值取向。在缺乏科学知识、佛道大兴的年代，人们更愿意从得道成仙和转世因缘角度，去阐释重量级人物的当世作为和绝世才华。宋代文人学士有这类故事的不在少数，比如说著名理学家邵康节，其母"于云雾间见大黑猿有感，夫人遂孕。临蓐时，慈乌满庭，人以为瑞，是生康节公"。（《邵氏见闻录》卷十八）大诗人、大书法家黄庭坚，其前世则为一个诵《法华经》、志愿复身男子、得大智慧而成名的女子。甚至说黄庭坚有狐臭病，也因为这女子所葬棺材朽烂，"为蚁穴居于两腋之下，故有此苦"。（《春渚纪闻》卷一）

　　在惠洪的《冷斋夜话》中，同时载录这么一个故事：张方平（1007—1091）庆历年间任滁州知州，一日到琅琊寺礼佛，在藏经阁仔细打量，发现屋梁上似藏有一匣，令人架梯子取下，打开一看竟是失传已久的四卷《楞伽经》，但只有前半部，而没有后半部。于是张方平拿起笔续写，奇怪的是自己的笔迹与前半部的笔迹竟然一致。他反复体味卷首四句"世间离生灭，犹如虚空花。智不得有无，而兴大悲心"，顿时大悟流涕，想起了自己前世之事。"盖公生前尝主藏于此，病革，自以写经未终，愿再来成之故也。"（《冷斋夜话》卷七）原来自己前生写了半部《楞伽经》藏在这里，这次是机缘再续，要圆满功德写完经卷。

　　《楞伽经》为佛教重要经文，深奥难懂，据传系达摩祖师亲传二祖慧可，正法眼藏传承，以《楞伽经》为印心之据。四祖道信以后，楞伽之学渐转名相之学，五祖弘忍开始以《金刚经》为禅宗印心经典。《金刚经》始盛，《楞伽经》渐渐失传。北宋宰相张方平重新发掘出《楞伽经》，使其再行天下是真实的历史。民间因此还把《楞伽经》称为"二生经"，其源盖在张方平"前生""今生"两世写一经的传说。元丰八年（1085），七十九岁的张方平亲自教授苏东坡《楞伽经》，并且出钱三十万，让苏轼将此经印施于江淮间。苏轼僧友佛印禅师认为"印施有尽，若书而刻之则无尽"。（《苏轼文集》卷六十六《书楞伽经后》）苏轼因此恭抄一遍，到钱塘（今杭州）找到善于刻版的良匠刊刻于世。

关于张方平发掘《楞伽经》的过程，苏轼是这样记载的："太子太保乐全先生张公安道，以广大心，得清净觉。庆历中尝为滁州，至一僧舍，偶见此经，入手恍然，如获旧物，开卷未终，夙障冰解，细视笔画，手迹宛然。悲喜太息，从是悟入。常以经首四偈，发明心要。"（《苏轼文集》卷六十六《书楞伽经后》）这个记载与惠洪《冷斋夜话》所载有别，并没有说全经只有半部，张方平见了自己的字迹，明白了自己的前世今生，重新续写经卷以成就功德。而是说张方平展读《楞伽经》，还没有读完全经，就受到开示，化解了自己常年的心头障碍，而未见续写后半部的说法。但是其中"恍然如获旧物""手迹宛然"这些语句，却与前世今生的说法相距不远。

这个张文定公发现《楞伽经》、悟觉自己前世今生的故事，真假不定。但足以说明，在当时的文人学士圈和社会氛围中，转世一类的传言相当普遍，连苏东坡自己遇到张方平类似的事儿，也会闪烁其词，真假莫辨。那么人们把苏轼高安之行夸张流变，按照流行的社会价值取向，安上五戒僧转世的传说，以此彰显苏东坡才高八斗、独步天下的特异禀赋，也就不足为怪了。这一点，此故事的创造者惠洪自己说得很清楚："东坡盖五祖戒禅师后身，以其理通，故其文涣然如水之质，漫衍浩荡，则其波亦自然而成文。盖非语言文字也，皆理故也。自非从般若来，其何以臻此？"（《石门文字禅》卷二十七）有了师戒这样一位大功德的禅师作为前生，苏轼当世无人企及的文思妙笔，都得到了完美的解释。

当然，这一传闻的被载入书册，还有《冷斋夜话》作者惠洪本身的因素。据各方考证，惠洪本人与苏东坡并无任何直接交往。苏轼过世那年，惠洪三十一岁，其所作《冷斋夜话》成书于政和三年（1113）。此时，作为当事人之一的苏辙刚去世一年，苏轼过世已十二年，而距离苏轼到访高安已经二十九年。在当时的筠州一地，人们已经有足够的时间，把苏轼高安之行变形、夸大和再创造。作为筠州本地人，惠洪肯定能够听到有关苏轼当年来高安的各种传言，只不过已非第一手资料，而是经过各种加工的传闻。惠洪本身对苏东坡充满景仰，需要从转世轮回中找到其才华傲步天下的答案，本身又喜欢夸诞猎奇，这些特殊秉性，让他成为用文字载录此故事的第一人。

如今看来，关于师戒禅师转世苏东坡，其传闻的演变过程，也是当时人们注入佛教轮回意识的再创造过程。当时此类传说众多，该故事只是许多同类传说中，较为突出的一个。故事本身的真实性存疑，但其蕴含着的当时佛教文化广为渗透，并由此影响人们价值取向的社会形态却完全真实。这一故事通过轮回转世灵异之说，彰显苏东坡的殊才异禀，同时揭示佛法之广大，主基调是向善的。将高安大愚寺作为这一故事的主要舞台，亦非偶然：苏轼游历大愚寺是历史真实，有文字记录可循，而大愚寺在临济宗发展史上居有"禅祖"地位，在当时的影响力足够大，担当得起苏轼这样泰斗级人物的传闻演绎。再加上一些事件的巧合，和社会普遍的佛道情结，于是，苏轼在大愚寺"古刹访禅祖"的参拜游访，直接成了故事最好的素材和楔子。

关于苏东坡前世为五祖师戒禅师的传说，并没有仅仅止步于佛禅界和文人圈，而是走向民间，逐渐演变成了宋元话本中一个著名的故事，见于文字记载的是：明朝嘉靖年间话本丛刻《清平山堂话本》，标题为《五戒禅师私红莲记》。万历年间刊行的《绣谷春容》和《燕居笔记》中做了改动，标题为《东坡佛印二世相会》。到了著名的话本编撰者冯梦龙手上，则改写成了《明悟禅师赶五戒》，收入于天启年间刊刻的《古今小说》，即"三言两拍"中的《喻世明言》。经专家考证，《五戒禅师私红莲记》应为宋人话本，也就是说，从宋代开始，人们已经把苏东坡前世为五戒禅师的传说，演绎成了通俗化的故事：说南山净慈孝光禅寺有一对师兄弟，兄称五戒禅师，弟为明悟禅师。五戒禅师因女色破戒，坐化转而投胎为苏东坡，明悟禅师怕五戒禅师转胎后不信佛法，灭佛谤僧而坠落苦海，因此跟踪投胎转世为明悟和尚。此后明悟和尚一生追踪苏东坡，启迪他省悟前因，敬佛礼僧，苏东坡因此尊佛一生，终成大罗天仙，与明悟禅师俱得善道。苏东坡真实生平如何诠释成这么一个故事，专家们做了非常深入的研究，其中若干故事的素材，确实可以从苏东坡潇洒的人生中找到影子。

宋元话本是民间说话人的创作，具有口头文学清新活泼的特色，兼有志怪传奇等古代小说的优良传统，是中国小说史的一个重要发展阶段，为明清的白话小说奠定了基础。宋元话本的内容大致可分为讲史、说经两部分。宋话本源于宋代城市生活，其对象为市井平民，艺人为了吸引听众，会添加一些诸如女色等庸俗内容以增加对听众的吸引力。因此在最初的《五戒禅师私红莲记》中，这方面的篇幅要更触目一些，后来经过冯梦龙的改编，《明悟禅师赶五戒》的尊佛持戒主题变得清晰。但是通观这个故事的演变，其基本内容应该划入"讲经"一类，其主旨仍在于用人物故事诠释佛教的戒律以及因果轮回思想，并非以渲染庸俗为主基调。我们今天阅读这个故事，应该具备这样的认知。

陆 游

陆游（1125—1210），南宋文学家、史学家，著名爱国诗人。字务观，号放翁，越州山阴（今浙江绍兴）人。南宋孝宗淳熙七年（1180），陆游曾因公务到过高安，参访了大愚寺，并且留下了诗作。

一、"亘古男儿一放翁"

陆游出身名门望族，高祖陆轸至父亲陆宰，均为儒士官宦。陆游生在宋金交战时期，长在具有浓郁爱国氛围的家庭，出生的第二年，金兵破汴京（今河南开封），北宋灭亡。陆游一家几经颠沛，父亲陆宰力主抗金。陆游少年聪颖，十二岁能诗文。宋室南渡，高宗绍兴二十三年（1153），二十九岁的陆游参加现任官员及恩荫子弟的"锁厅"进士考，主试官、两浙转运使陈阜卿荐送第一。当朝宰相秦桧之孙秦埙位居其次，秦桧怒而罪责主司。次年，陆游参加礼部考试，主考官仍然将他排在前列，秦桧公然责令不得录用。直到秦桧死后，陆游才渐入仕途，任福州宁德县主簿、敕令所删定官等职。

宋孝宗即位，任其为枢密院编修官，兼编类圣政所检讨官，赐进士出身。陆游主张抗金，因得罪奸佞遭排挤。他在隆兴二年（1164）出任过隆兴（今江西南昌）通判。孝宗"隆兴北伐"失败后，一批主张抗金北伐的官员遭贬。陆游因曾鼓励右丞相、都督江淮兵马张浚北伐而被罢黜，于乾道二年（1166）退居故里。四年后启用为夔州通判。时王炎任川陕宣抚使，乾道七年（1171），陆游应王炎之邀投身军旅，出任宣抚使司干办公事兼检法官，在南郑（今陕西南郑）设幕府。其间演练军阵，陈《平戎策》作收复中原策划。此段经历短暂,但对陆游豪壮诗风的形成影响深刻。不到一年,王炎回京,幕府解散,陆游一度去蜀州、嘉州等地任职。淳熙二年(1175),范成大受任四川制置使,知成都府,荐陆游为参议官。两人以文相交,时人讥陆游"不拘礼法""燕饮颓放",因而被论罢。但陆游不改自己的政治主张和处世态度,干脆自号为"放翁",以示抗争。

其后,陆游诗名日隆,孝宗淳熙五年(1178),先后任其为福州和江西提举常平茶盐公事。淳熙六年(1179),以朝请郎提举江南西路常平茶盐公事,到任抚州(今江西抚州)。次年恰逢江西水灾,陆游上奏告急朝廷,因灾情紧急,在未获批复时,打开义仓分粮赈灾。当年十一月召回临安(杭州),被朝廷以"擅权"之名罢免。陆游回乡,闲居山阴五年有余。淳熙十三年(1186),朝廷再度起用陆游任严州知州,两年后任满,赴临安为军器少监。孝宗禅位,光宗当政,绍熙元年(1190)任陆游为礼部郎中兼实录院检讨官。陆游进言光宗广开言路、慎独节俭,同时继续坚持抗金立场,在诗中抒发爱国热忱。谏议大夫何澹弹劾陆游之议"不合时宜",朝廷以他不务正业,只知"嘲咏风月"为由,又一次将他免职。陆游满怀愤懑回到家乡,忿而自题住宅为"风月轩"。

十二年之后的嘉泰二年(1202),宋宁宗诏已经七十七岁高龄的陆游入京,担任同修国史、实录院同修撰,主持编修孝宗、光宗两朝《实录》和《三朝史》,免上朝请安之礼,随后兼任秘书监。三年后,书成,升宝章阁待制,告老致仕。嘉定二年十二月(1210年1月),陆游辞世,享年八十五岁。

陆游具备多方面的文学才能,诗、词、文俱佳,尤以诗歌为最,和尤袤、杨万里、范成大并称"中兴四大诗人"或"南宋四大家",一生写诗近万首,经删汰尚存世九千三百余首,在中国文学史上堪称个人诗歌数量之冠。其诗作大致可分为三个时期。四十六岁入蜀以前的少年到中年期,自称"但欲工藻绘"(《剑南诗稿》卷七十八《示子遹》),偏于文字修辞,故删汰最多,仅存两百余首。入蜀到六十四岁罢官归乡为第二阶段,存诗两千四百余首。因深入军旅,诗风大变,以宏肆奔放为主调,充满爱国战斗激情,诗作成熟而丰富,奠定了一代大诗人的地位。他在高安所写的几篇诗作,即属于这一时期。晚年呈现另一境界,存诗六千五百首,因饱经宦海沧桑,多时蛰居山阴故里,其诗清旷淡远,夹杂苍凉人生感慨。

陆游一生性格豪放,诗歌章法谨严,语言明白晓畅。诗风神似李白,境界壮阔、飘逸奔放,时人呼之为"小李白"。同时一腔豪情而报国之志未酬,诗风兼具杜甫的沉郁顿挫,由此构成其独特诗风的主基调。当然,人们同样不会忘记他《游山西村》"山重水复疑无路,柳暗花明又一村"的闲情逸趣;《钗头凤》"红酥手,黄藤酒,满城春色宫墙柳"的哀婉悱恻;《卜算子·咏梅》"零落成泥碾作尘,只有香如故"的悲凉孤傲。

陆游诗作让人最为震撼的,当属他贯串始终的爱国激情。靖康被难,大宋帝国半壁江山沦入异族之手,宋室南迁定都杭州,异族南侵威胁不减。南宋一朝,民族矛盾一直是社会关注的焦点。面对国家的安危、民族的浮沉,奋发图强主战北伐恢复中原,卑躬屈膝主和退让偏安一隅,成为朝廷群臣和文人士大夫政治立场的明确分野。陆游一生力主抗金复国,大量诗作从方方面面展示了爱国主题。他自我回顾一生两大"主题"说:"一寸丹心空许国,满头白发却缘诗。"(《剑南诗稿》卷七十六《独坐闲咏》)。他指斥当权者为私利而放弃恢复中原大业,倾诉爱国将士和沦陷区百姓的悲愤,歌颂南宋军民坚持抗敌的英勇气概,抒发自己的报国壮志,呼唤王师北伐收复中原。陆游充满爱国激情的诗句,至今仍激励着我们发愤图强,振兴国家和民族。"位卑未敢忘忧国,事定犹须待阖棺"(《剑南诗稿》卷七《病起书怀》),"国家未雪耻,臣子同此责……臣位虽卑贱,臣身可屠裂"(《剑南诗稿》卷九《剑客行》)。他的爱国情怀至死不渝,直到临死之际,还盼望着王师能收复中原国土:"死去元知万事空,但悲不见九州同。王师北定中原日,家祭无忘告乃翁。"(《剑南诗稿》卷八十五《示儿》)这些诗句,如今读来依然令人血脉贲张。难怪梁启超会作出如此赞叹:"诗界千年靡靡风,兵魂销尽国魂空。集中什九从军乐,亘古男儿一放翁!"(梁启超《读陆放翁集》)

值得注意的是,陆游诗作的忧国主题往往和忧民相交织。作为儒家学说教育出来的士大夫的一员,陆游务实入世,关心百姓疾苦。他以忧患意识关注着社会矛盾和百姓的艰难,在诗文中对官吏的胡作非为深恶痛绝："数年斯民厄凶荒，转徙沟壑殣相望。县吏亭长如饿狼，妇女怖死儿童僵。"（《剑南诗稿》卷三十七《秋获歌》）仁政宽刑是陆游的政治理想之一。翻阅他的文稿，给朝廷的奏折，多言及宽以待民，其中为后人称道的就是他主张废除"凌迟"酷刑。北宋立国，赵匡胤为除五代各国之弊政，不立凌迟之刑。到宋仁宗时，因为两湖流行杀人祭鬼，以及农民起义增多，乃开设凌迟一刑，以后就成了惩治重罪的常用酷刑。陆游在呈状中说：为什么要特置凌迟？"肌肉已尽，而气息未绝，肝心联络，而视听犹存，感伤至和，亏损仁政。实非圣世所宜遵也。"在列述了理由后，陆游恳请道："欲望圣慈特命有司除凌迟之刑，以明陛下至仁之心，以增国家太平之福，臣不胜至愿！"（《渭南文集》卷五《奏状·条对状》）那种废除酷刑的人道情怀呼之欲出。我们在后文可以看到，陆游在高安之行前后的作为，以及写下的诗歌，同样真切体现了他这种仁政思想。

二、"只要闾阎宽棰楚"

淳熙七年（1180）秋冬之际，五十六岁的陆游从抚州临川来到高安。此次出行，他负有两项公务，其中第一项是巡查救灾情况。前一年的淳熙六年，陆游被任为朝请郎提举江南西路常平茶盐公事，赐紫金鱼袋，十一月到任抚州，刚上任不到半年就经受了严峻的施政能力考验。

这年五月，江西发生严重灾荒。陆游在《大雨逾旬，既止复作，江遂大涨》一诗中记录道："一春少雨忧旱暵，熟睡湫潭坐龙懒。以勤赎懒护其短，水浸城门渠不管。"（《剑南诗稿》卷十二）春夏之交，各地先是大旱，地裂苗枯。五月后却大雨瓢泼，山洪暴发，良田汪洋，洪水直接浸漫了抚州城门，漂吞农居房舍，百姓纷纷逃往高地避难，粮尽炊断。陆游任职于掌管着国家用以救济灾民的常平仓、义仓，朝廷对此管理很严。面对严重的灾情，陆游一面急奏朝廷，请"拨义仓赈济，檄诸郡发粟以予民"（《宋史·陆游传》），同时当机立断，决定打开常平仓、义仓放粮。他还亲上一线，带吏卒撑小船，把粮食分送给被洪水困在山岗上的灾民。随后，他依次去崇仁、丰城、高安三地视察抗灾情况。

陆游高安之行的第二项公务，是清查百姓陈彦通反坐一案。这得从上年的冬天说起。当时，陆游刚上任提举江南西路常平茶盐公事，在翻阅诉讼判案文卷时，发现筠州高安县有一位名叫陈彦通的百姓，状告高安县衙押录陈谅，结果被筠州府判定诬告，而以反坐罪获刑脊杖十三。陆游认为筠州府判罚不妥，因而专文上奏朝廷，提出了自己的反对意见。这个案子比较复杂，需要适当加以解释。

有宋一代，在衙内供职的有官和吏之分。县设知县、县丞、主簿、县尉等行政官员，加上适量的监当官、巡检等，属于真正意义上的官员。因为日常运行过程中，治安狱讼、赋税征纳、赈济灾伤等日益繁重，各县又设置了大量协办的公吏或曰配吏，以及供官员驱用的杂役，名称有押录、手分、贴司、引事、厅子、书司、手力等等。其中押录亦称押司、典押，是县府中职位最高的公吏，最初由税户轮差，后来实行召募制。作为胥吏之首，押录主要掌管公务文书的收发、督办、签押、保管；管理田赋税籍，催征赋税；协助办理狱诉案件。涉及面很宽，成了地方行政的重要人物。他们在缓和社会矛盾、保持政令畅通、保证赋税征纳等方面有重要作用。

宋代官制严格执行乡贯回避，为均劳逸，通常远近更换任用，一般县官三年即予调任。而公吏系召募而来，没有任期，多由当地熟谙县情的人士长期连任，或互相荐引，或父兄继任，这使得新调任的官员不得不依赖他们。北宋末以来，尤其在南宋时期，这种倚重日益加深，甚至形成了"官弱吏强"的局面。不少地方吏人弄权，窥伺官僚，探刺旨意，误导和利诱百姓，摆弄法律条文待价而沽，上下其手，改变刑处，变诈奇邪，以至于官员们惊呼：州县之吏多是狡恶之人，实政理之巨蠹；黎民之大害。更为严重的是，为了对付所谓的"顽民"，官员往往任用有犯案前科、心狠手辣之徒来充当一线配吏，以至于讼案写手一半是黥面案犯。这种情况属于"冒役"，即县衙违法任用罪犯公吏。虽然朝廷监司严格禁止，地方官员却往往把禁令看成文字摆设，表面上驱逐了不合格吏人，实际上暗地里继续存留使用。"贪官暴吏与之志同气合，容纵冒役。所以行案贴写，半是黥徒，攫拿吞噬，本无餍足。既经徒配，愈无顾藉，吮民膏血，甚于豺虎。前后监司非不严禁，往往官吏视为具文，名曰罢逐，暗行存留。"（《名公书判清明集》卷十一）如此，百姓怨声载道，纷纷冤诉。《名公书判清明集》中蔡杭说，他查阅诉讼案子，百姓控诉这些配吏的状子多达数以千计。

朝廷当然知情，为了缓和社会矛盾，从北宋末年开始，朝廷特许百姓"越诉"，即越级上访。凡官吏舞弊、官绅勾结霸占田宅、横加赋税、官吏勒索商贾等，受害人都可以越级上诉。其中"冒役"也在准许"越诉"之列，"朝廷虑猾吏之为民害，故开冒役越诉之门"。（《宋会要·刑法》）规定凡诸州县公人，曾因犯罪被罢停职务者，不得再行招募任用。如果有违法再度任用，或者隐瞒前科、改易姓名再行投募担任公吏者，允许百姓"越诉"。诸州县私下任用这些公吏者，要追究刑责。

但"越诉"之门一开，也带来社会问题，地方办案失去了权威性，奸猾之徒往往滥用"越诉"之权利，拖延、违抗和逃避法律的制裁。北宋后期特别是南宋一朝，出现了大量专业的"健讼之徒"，"哗徒讼师"严重阻碍司法进程，有些案子一拖就是几年甚至十几年，扰乱了正常的社会秩序，所以政府又反过来对"越诉"加了许多限制。其中"反坐"就是其中一种限制办法，即如果"越诉"人所诉不真实，将承担"反坐"的惩罚。南宋时期关于人吏冒役的越诉频发，故孝宗乾道六年（1170），对"越诉"冒役不实一案另加"反坐"刑名。

筠州府高安县百姓陈彦通，诉高安县押录陈谅冒役案，就是在这样的背景下发生的。陈彦通因犯科被诉，夹带越级上诉到筠州府，说高安县押录陈谅，曾因罪被判过两次徒杖，现在担任押录不合法规，属于"冒役"。筠州府经过核实，认为陈彦通所诉不实，于是在淳熙六年（1179）十月，按照乾道六年的反坐之规，将陈彦通处以脊杖十三的刑罚，而脊杖是笞杖刑中最高等级的刑罚。在当时的社会情况下，这或许属于一桩相当平常的案子，但陆游却不肯放过。他新官上任，正想为朝廷和百姓干点实事，于是认真分析案情，亲自写了奏折上报朝廷，认为筠州府的反坐判决存在重大疑问。

陆游在奏折中陈述了五个理由。其一，陆游说自己精通反坐之法，反坐的本意是：如告人放火，而实不曾放火；告人杀人，而实不曾杀人。那属于诬谄善良，情理重害，所以要反其所坐。但即便以反坐定案，执法官也不敢马上执行，还要多具情法，奏明皇上圣裁。其二，陆游认为愚民无知，像陈彦通这样的普通百姓，当他们被奸胥猾吏屈抑欺负时，心怀冤愤，想诉之于官府，听说某人吏曾因犯罪被罢停过职务，朝廷又允许越级上诉，于是就在状子内夹带诉押录冒役之语。这些村野小民，无法进入官府亲眼目睹案牍，道听途说产生差误，可以理解，应酌情递减其责，以通下情。其三，纵使州郡想惩治这些虚妄不实而越级上诉的人，朝廷也有现行的条法，笞四十至杖八十已是极致，与反坐之法没有干系。其四，如果百姓一言及吏人冒役，官府便收罗材料，施以徒罪，那百姓受了官府之苦，怎么敢再申诉？如此则吏何其幸，民何其不幸也。历史上善为政者，无不严于驭吏，厚于爱民。而今反其道而为之，是本末倒置。其五，陆游说如今看到各处冒役吏人，即便追究查实了，也不过依据"杖罪科"有关条文，停止其差役而已，而没有判处徒罪者。哪有百姓诉吏人冒役，却判决脊杖之理？

陆游在奏本中，从法律条文、畅通民情、为政治国、官民关系等多方面论证，认为筠州府判决陈彦通反坐，施以脊杖，于法不能成立，于政危害至大。他说自己本来想依据相关法律条文，直接追究筠州官吏的责任，但考虑到乾道六年（1170）有越诉冒役反坐一案而收手。他说自己蒙恩遣使，出自圣知拔擢，苟有所见，不敢隐默，盼望圣上以仁慈之心仔细斟酌。如果皇上认为自己说的在理，请即特降睿旨，停止执行乾道六年有关越诉冒役反坐之法，"庶使百姓不致枉被深重刑责，且下情获通，胥吏稍有畏惮，天下幸甚"。（《渭南文集》卷五《奏筠州反坐百姓陈彦通诉人吏冒役状》）可见他的奏状，目的在于体恤百姓，同时严控胆大妄为的官吏。

陆游在淳熙六年（1179）十一月到抚州，这篇奏折写在冬天，应在他到任不久后写就。新官上任一把火，他恪尽职守，到任后很快进入工作状态，接手案牍介入了公务。从现有资料来看，陆游的这个奏折并未马上得到皇上的认可批复。而就在奏折上呈几个月后，重大灾情暴发，他立刻投入了抗灾赈民事宜，这事儿就暂时放到了一边。

陆游在辨析这个案子中所体现出来的爱民情怀，与他在抗灾中所表现的精神完全一致。陆游平时留意药方的集搜，存有各种药方百余个。在抚州大水过后，虑及大灾之后必有瘟疫和凶年，陆游从这一百多个药方中，精选辑成《陆氏续集验方》，刻印后广为传播，以便灾民取方治病。在各地考察抗灾情况期间，他还督促其他各地的官员为民尽责。他给当时的奉新县令高南寿去诗一首，叮嘱其体恤民情：

寄奉新高令

小雨催寒着客袍，草行露宿敢辞劳。
岁饥民食糟糠窄，吏惰官仓鼠雀豪。
只要闾阎宽棰楚，不须亭障肃弓刀。
九重屡下丁宁诏，此责吾曹未易逃。

（剑南诗稿》卷十二）

诗中说自己不敢懈怠，在寒雨中草行露宿，为的是那些连糟糠都快吃不到的灾民。而官吏怠惰，官仓的粮食却任鼠雀糟蹋。第三联表达了诗人作为传统儒士的仁政见解，认为只要官吏体恤民情，对百姓慎于用刑，则百姓自会安居乐业，用不到那么多的城堡弓刀来进行弹压。诗作最后回到当前要务，说朝廷反复叮咛宽政爱民，我们作为朝廷命官自应恪尽职守，否则将难脱其咎。

据查证，陆游这首诗，是在巡查高安前后写给奉新县令高南寿的。诗句可以证明陆游在高安不仅巡查了救灾情况，同时也过问了他自己关心的百姓陈彦通反坐案的情况。诗中第三联"只要闾阎宽棰楚，不须亭障肃弓刀"，"棰楚"亦作"捶楚"，即为棍杖刑罚之意，这一含义与抗灾赈民主题稍有距离，明显以陈彦通被判令反坐而脊杖十三这一案子为苛政之喻，表明他在高安巡查时，对此事依然坚持原有立场。因此这首诗应该体现了陆游高安之行的主旨：巡查灾情督促赈灾，同时过问"越诉"案子，强调慎刑有民，集中反映了陆游的仁政思想和爱民情怀。

但是等待陆游的并不是鼓励嘉奖。从高安回临川不久，当年十一月，朝廷令其返谒临安，"以发粟赈民，为给事中赵汝愚所驳，遂与祠"。（《瓯北诗话》卷七《陆放翁年谱》）陆游在抚州的发粮赈灾，因为未经朝廷批准而先自行动，有擅权之嫌，被给事中赵汝愚所驳，遂罢官回到了山阴老家,从此闲居五年有余。而那份《奏筠州反坐百姓陈彦通诉人吏冒役状》的上疏，当然也就不了了之了。

三、"黄钟赓大吕"

陆游肩负两项公务来高安巡查，逗留的时间不长。作为诗人，陆游的行踪与一般官员相比，要更富色彩。在公务之中，他随处见景，随时赋诗，并且还在当地官员陪同下参访了大愚寺，给人以相当浪漫的印象。在高安，他观览了两处古迹，对一株虬龙盘根的老松印象深刻，并分头吟诗，合称《高安州宅三咏》。陆游吟咏的丹井（亦称炼丹井）和剑池（亦称磨剑池），是高安当时两处比较知名的古迹，历代文人墨客多有诗作记之。因为陆游的《高安州宅三咏》代表了他三种心境，我们分别简析如下（按：各首诗歌，同治《高安县志》所载，字句略有不同，本文以《四库全书》的《剑南诗稿》为准。）：

丹井

丹成人已仙，遗灶亦已平。
尚余松根井，锵然环玦声。
我来试一啜，槁面还童婴。
祝君勿关钥，人人遣长生。

（《剑南诗稿》卷十二）

根据清同治《高安县志》载，晋时有蜀人李真居高安，尝得仙术，自称年八百余，故号李八百，留有葫芦井炼丹台、磨剑池遗迹。苏辙《炼丹井》一诗所记尚存石床，其场景为"绿水圆圆一片天"。（同治《高安县志》卷二十六苏辙《炼丹井》）陆游观览炼丹古井，并赋诗为记，不是偶然的。他所处的时代，儒学和道教、佛教已经融为一体，文人士大夫实际上达成儒学治国、佛学治心、道学治身的共识。与其他文人士大夫一样，陆游对道家学说兴趣浓郁，并且有很深的研究。他经常精读道家著述，并用诗歌记下自己研读的场景和心得。从他数量浩大的诗歌中可以看出，道家名山胜景，是他时常登临观览吟咏的题材，道观道室也是时常访问的场所，许多诗歌直接以"道院""道室"命名。陆游还认可道家的养生术，认为养气炼丹可臻返老还童的境界。

诗的前两句为丹井历史想象，远古炼丹的道人在练就神丹后，已经飞仙而去，炼丹的火炉石灶也早已夷为平地。接着描绘现场景观：一口松根盘绕的古井，外界各种声音在井底深处触发回响，铿然如玉佩作响。有诉之于视觉的场景，有诉之于听觉的声音，读来如临其境。身置此景，陆游的道学意念油然而生，竟舀起井水试着啜了一口。清冽的井水穿过嗓门，诗人油然觉得自己虽然上了年纪而面容渐显枯槁，但一定会时光倒流，重新焕发童颜。在观览古井、翔思仙道之时，诗人脱不了的还是一贯的人文情愫。"君"是道家对有道之士的尊称，此处当指那个"人已仙"的李八百。"钥"即道家术语"丹钥"，指修道净地之门。诗人由护井的栏杆想到"丹钥"，祈祷化去的仙君不要关了修道之门，天下人由此皆可获得不老长生。一首四十个字的短诗，有史有景有识有情怀，真不愧为大手笔。

> 剑池
> 我壮喜学剑，十年客峨岷。
> 毫发恐未尽，屠钓求隐沦。
> 今年独何幸，见此度世人。
> 夜深来较术，雷雨战江津。

（《剑南诗稿》卷十二）

陆游作为一代文豪，舞文弄墨自是绝技，但他还有一个强项，那就是剑术。少年时代，他在家乡拜"白猿翁"为师，学了十年的剑术，此后练习剑术一直没有中断，说"学剑四十年，敌血未染锷"（《剑南诗稿》卷二十一《醉歌》），"早岁志远游，万里携孤剑"（《剑南诗稿》卷八十一《远游》）。他把学习剑术和抗金杀敌的爱国激情融为一体，常常击剑壮歌："酒酣看剑凛生风。"（《剑南诗稿》卷七《病起书怀》）陆游剑术高超，胆量亦过人。当年进四川在王炎手下从军时，他已经四十六岁，有一次围猎训练，忽然跳出一头老虎。陆游奋勇与老虎搏斗，拔剑刺杀了老虎，一时在军中传为神勇:"挺剑刺乳虎,血溅貂裘殷。至今传军中,尚愧壮士颜。"(《剑南诗稿》卷二十八《怀昔》)这么一位剑术高手,自然对剑池情有独钟。

诗人先对自己学习剑术和仗剑入川的报国情怀作了回顾,然后说自己怕剑锋不够锋利,剑术不精,像当年姜太公一样,以"屠钓"鄙陋之身,期盼神人"隐沦"的出现。今天来到剑池真是幸运,可以见到圆我剑梦的度世之人了。等到夜深人静的时候,我要和你较量一下剑术,那一定会像江河渡口搏击雷雨一般惊心动魄。诗人在诗中隐含了报国之志未酬的郁闷,展开思绪的翅膀,想象自己能与隔世神剑手过招,战个翻江倒海,一展胸中豪气——可事实上,那只能在半夜虚空,不过一场梦呓而已。

偃松

巨松偃青盖,阅世岿独存。
颇疑古仙翁,藏丹在其根。
或是结灵药,百尺有伏鼋。
终随风雨化,不死何足言。

(《剑南诗稿》卷十二)

这棵针叶茂密如青盖的老松,引发了作者的人生感慨:粗大的枝干上覆盖着浓绿的松叶,历阅世事沧桑而岿然独存。望过去像远古的仙翁,似乎有长生不老的丹药藏在其根。也许是树上长出了灵药,那高高树干上的结节,犹如巨鼋俯卧。然而这一切终将随岁月的风雨老化而去,何言千秋永岁?作者此时已经五十六岁,年近花甲,在那个年代已经称老。想到自己身形渐衰,而所追求的抗金大业未了,壮志未遂,这一时期陆游常有类似的岁月老去的感慨。

陆游在匆忙的公务之余,专程前往大愚寺参访,当然与他丰厚的文史知识有关。临济宗祖师义玄在这里受大愚禅师点化,苏轼和苏辙两位文豪前辈在这里留下诗文踪迹,陆游焉得不心怀景仰?

说到佛教,那也是陆游诗歌离不开的题材。在他的诗文中,拜访僧人、游览寺院时常出现。他对佛学花过很深的功夫,援佛入诗,佛学的旨意名论,常成为他抒发情怀的内容。陆游和僧友时有唱和,尤其到了晚年,还为高僧作书序、撰塔铭。他曾向临济杨岐派传人松源崇岳禅师(1132—

1202）问过心法，因言下有悟而作有偈语，后来还为松源禅师撰写了塔铭。宁波天童无用禅师（1138—1207），拜径山大慧宗杲为师，得授心印，其弟子辑有《无用禅师语录》，已经八十四岁高龄的陆游，还应其弟子所请，为其语录作了序。不过，终其一生，陆游以儒生学士为本色，满怀爱国热情，入世务实。报效君王、成就功业是他主要的追求。因为仕途的坎坷、宏愿的挫折，佛禅更多地给了他寻幽息虑、舒缓人生郁闷烦恼的疗效。

  陆游这次对大愚寺的参拜，由高安县一位姓刘的县丞陪同。他似乎更为关注苏轼和苏辙两位前辈的遗存，专意观瞻了寺内墙壁上写着的苏轼和苏辙的诗作。从陆游诗作来看，显然是读到了苏轼《端午游真如，迟、适、远从，子由在酒局》一诗，以及苏辙的和诗。陆游步了两苏和诗的韵，只是全诗篇幅少了一联。

与高安刘丞游大愚，观壁间两苏先生诗

野性纵罃鱼，官身坠阱虎。
适得建溪春，颇忆松下釜。
微霜初变寒，短景已过午。
佳客能联翩，老宿相劳苦。
怀哉两苏公，去日不可数。
泉扃一埋玉，世事几炊黍。
吾侪生苦晚，伫立久恻楚。
尚想来游时，黄钟赓大吕。

（《剑南诗稿》卷十二）

  身为后学，陆游肯定熟读过苏轼的全部著述，本诗首句直接借用苏轼《游庐山次韵章传道》诗中句"野性犹同纵罃鱼"，与"官身坠阱虎"合联，比喻自己的身份与苏轼一样，身处官家，乃罃中鱼、阱中虎，身不由己。接着写自己去年从福建任上转来江西，刚领略过那里建溪的春色，很怀念松下野炊隐士的滋味。时值秋冬，微霜渐寒，白昼时短，很快就过了正午。游客联翩而至，寺中老法师忙得挺辛苦。诗人面对墙上二苏的诗作，内心充满无限的崇敬和怀念：他们离去的时日长久，已经无可计数了。墓葬瞬间埋没了秀玉人杰，人间却世事依旧，不过几番烹炊粮黍而已。陆游感叹自己生身太晚，没能赶上当面和大师切磋，如今久久伫立在诗墙之下，无限悲楚涌上心来。

最后两句为点睛高潮之处，蕴含了多重意义：苏轼一生政治仕途坎坷，几经沉浮，而不改节气忠心。陆游在来高安之前的仕途经历与之非常相似，他把苏轼作为自己的楷模，言"公不以一身祸福，易其忧国之心，千载之下，生气凛然。忠臣烈士，所当取法也"。(《渭南文集》卷二十九《跋东坡帖》)苏轼的词作以丰沛的激情、丰富的想象力、多彩变化的语言，呈现出豪迈磊落的风格，开豪放一派先河。陆游的诗词之作，秉承豪放雄迈一路，与苏轼相通。他说苏东坡的词"但豪放，不喜剪裁以就声律耳。试取东坡诸词歌之，曲终，觉天风海雨逼人"。(《历代诗余》卷一百十五)因此，他在来大愚寺之前，脑海里一定回旋着苏轼那些天风海雨般的诗词文句，希望自己能追随赓续其黄钟大吕一般的诗文雄风。但一旦亲临大愚寺，却是僻壤幽处，香烟缕缕，一代文豪只留下墙上几行词句，供后人默立凭吊而已。这是何等的心理落差，不能不让人发出人生无常、万般皆空的感慨。陆游就是在这样的心境中辞别大愚寺，告别高安，重新回到"壑中鱼""阱中虎"的行列。而紧接着的罢官回乡，再次让他试图在政治上"黄钟赓大吕"的豪情陷入了沉寂。

四、关于陆游的《游大愚寺》诗

在同治《高安县志》中，载有陆游在高安吟咏的另外两首诗。一首为《游大愚寺》："真如古寺再锄荒，灯火何年付北邙？门对南城流水绿，派宗黄檗落花香。二苏梦后堂名幻，一吕灵前墓碣长。苍蒉荣萎知有主，行人莫便吊凄凉。"（按：有些版本作"苍蒉茶艾知有生"，从文意韵律要求来看，应以《高安县志》所载为准。）另一首《玉晨观》："黄仙踪记已飞升，古观秋深气象清。天上容颜应不改，世间陵谷几回更。筠江下瞰青铜镜，荷岭前瞻碧玉城。夜静醮坛祈祷处，鱼龙惯听步虚声。"

《玉晨观》一诗写的是高安一处供奉道教诸神的宫观。同治《高安县志》将此诗的题目标为《玉晨观》，但在同书卷二十七《古迹志》中却载："玉成观，在七都。苏辙、陆游有诗。"可见玉晨观和玉成观通用。七都在今祥符镇一带，与南昌市著名的西山游览区连接。有人认为该诗是在隆兴二年（1164），陆游出任隆兴（今江西南昌）通判时游览西山而作。但是看诗中"筠江下瞰青铜镜，荷岭前瞻碧玉城"两句，就"筠州"和"荷岭"两处地名以及关照的景色而言，可知作者必身处筠州州治高安，而不会写在南昌之任上。目前这首诗无法在陆游诗文集中查到，如果确为陆游所作，那只能在淳熙七年（1180），他到高安时所作。

另一首《游大愚寺》，现今在高安有关文物古迹的宣传中使用率相当高，并赞之为"千古名篇"。这首诗同样在陆游诗文集中无法查到。但因为陆游自己曾经将一生万余首诗歌删削为九千余首，这两首是不是也在删削之列无法查证。因此单单以陆游诗文集未收此二诗，断言这两首诗非陆游所作，尚嫌匆忙。

然而，陆游的这首《游大愚寺》存在一个重大的疑问。这疑问即来自于"一吕灵前墓碣长"一句。如果这"一吕"指的是南宋忠公吕祖俭的话，陆游的诗就穿越了时空。现今可查到的资料，陆游接近过高安境一次，即隆兴二年（1164）短暂出任隆兴通判，到高安紧邻的南昌为官，不过期间没有留下到高安的踪迹。那年吕祖俭才二十四岁，不存在"灵前"的问题。第二次陆游直接到了高安，即在南宋孝宗淳熙七年（1180）秋冬之际。他此行写就的《高安州宅三咏》和《与高安刘丞游大愚，观壁间两苏先生诗》，都在其诗集中可以查到，我们前面也作了分析欣赏。而这一年吕祖俭刚满四十岁，正在金华协助其兄吕祖谦管理丽泽书院。第二年即1181年，兄长吕祖谦去世，朝廷任命吕祖俭为监明州仓。吕祖俭冒着"违年"去职的风险，坚持为吕祖谦服丧一年，然后才去明州（今浙江宁波）上任。吕祖俭贬居高安，更晚在宁宗庆元二年（1196），去世于庆元四年（1198），那时离陆游到高安之时已过了十八年，陆游已届七十四岁高龄，在宁宗绍熙元年（1190）因"嘲咏风月"被罢免后，还在绍兴家乡过着长达十三年的闲居生活。自吕祖俭离世后，我们没有查到七十四岁以后的陆游有再度来到高安暨参访大愚寺的记录。

事实上，同治《高安县志》的编撰者，显然也看到了这个时间穿越，陆游的这两首诗，就排列在吕祖俭那首在高安写的《金沙台》诗歌的前面，表明陆游诗歌写作的时间，应在吕祖俭贬居高安之前。但奇怪的是，同治《高安县志》又把陆游淳熙七年（1180）到高安写就的《高安州宅三咏》和《与高安刘丞游大愚，观壁间两苏先生诗》，排在《艺文志·诗》的前面，与陆游《玉晨观》和《游大愚寺》这两首诗割裂开来，间隔很远。这似乎印证着陆游先后两次到过高安，两次参访过大愚寺，两度留了诗作。然而现有的资料，尚不能为之作出佐证。

此外，在吕祖俭去世后，虽然朝廷有所缓释，诏归葬于金华吕氏墓地。但韩侂胄仍在当政，吕祖俭仍然是遭贬罪臣身份，不可能允许对他有明日张胆的悼念。直到开禧三年（1207），韩侂胄被杀后的当年十二月，宁宗才诰旨为吕祖俭平反，称赞他"凛然劲节，千古有光"。只有到这个时候，人们才被允许对吕祖俭展开纪念活动，挖掘其遗迹，新建一些亭、祠之类来寄托哀思。而此时陆游已经八十二岁，再过三年就离世了，更没可能再来游大愚寺生发感慨。

我们曾经设想这是陆游听到吕祖俭去世后，在家乡闲居时写就的诗句。陆游比吕祖俭年长十六岁，他与吕祖俭有同朝却没有共事的记录，但在政治观点上存在对立。陆游一生力主抗金，他在这一点上与后期主持北伐的韩侂胄立场一致，晚年还为韩侂胄写过《南园阅古泉记》，因而被时人讥议。而吕祖俭属于韩侂胄的死对头赵汝愚一派（陆游在江西抚州的赈灾上书，即被赵汝愚所驳，陆游就此以"擅权"被罢免），正因为他替赵汝愚辩护申冤，这才被韩侂胄迫害流放岭南，贬居高安。因此陆游与吕祖俭在政治站队方面，肯定缺乏共同语言。吕祖俭因为不畏权臣被贬居高安，朝廷内外名声很大，陆游当然不会不了解。吕祖俭谪居大愚寺，死后朝廷诏令归葬金华，陆游也应该知道。因此他结合自己曾经有过的大愚寺游览经历，写一首诗说说自己的感受，并非没有可能。回看此诗："真如古寺再锄荒，灯火何年付北邙？"这写的不正是有人过世，正在下葬的场景吗？北邙泛指墓葬之地，诗句说，大愚寺又在锄荒翻土了，是谁的生命灯火熄灭将归葬于墓地？"北邙"的方位也大致准确：金华就在高安的东北方向。这样就和后面的"一吕灵前墓碣长"对应了起来。

而本诗的立意很平淡,只点了人的生死荣枯都是定数的常理,淡淡地说"苍葡荣萎知有主,行人莫便吊凄凉",连佛花都知道荣萎兴衰自有命主,行人不一定要为此凭吊而过于凄凉啊。整首诗歌对仗工整,技法圆熟,但寓意并不深刻,算不上"千古名篇"。该诗虽然把"二苏"和"一吕"对仗并列,但着眼点在于将"二苏"生前欢乐已转为死后的空幻,与"一吕"已化成长长的墓碣捆在一起,点出"苍葡荣萎知有主"的生命无常之寓意。词中并未对"一吕"有特别的褒赞或者贬抑,远不如后期其他文人对吕祖俭直谏忠义精神的赞誉。这应当比较符合陆游当时那种立场角度:虽然对吕祖俭政治上不便给出评价,但其学问和直谏犯上名声很大,又贬居死在自己参访过的高安大愚寺,而自己还在大愚寺写过凭吊苏轼兄弟的诗歌,由此将历史和现实结合起来,触发诗情,感叹一下人世之虚幻。而这种感叹,在具备大愚寺游览经历的陆游而言,并不需要再到现场体验。

然而上面这个解释很难成立,因为诗歌的题目明确标为《游大愚寺》,并无任何回忆遥想之意,其次同治《高安县志》还并列载录了他的《玉晨观》一诗,说明二者应是陆游在高安同一时间所写,非遥思之作。

那会不会是诗中的"一吕"有问题,可能并非指吕祖俭呢?

由于忠公吕祖俭后来受到朝廷平反和褒扬,其直谏忠义的名声太大,因此在高安一地有关他的纪念物就多了起来。同治《高安县志》记载的就有数处,分别如下:

卷二十七《古迹志》:"吕公墓,在朝阳门外,朱子表曰'大愚叟墓'。"

又:"吕公亭,在朝阳门外真如寺前,明万历间知县田一甲以宋吕祖俭墓在焉,建亭以表之。"

又:"吕寺丞祠,在大愚山,祀宋太府丞吕祖俭。"在卷二十二《艺文志》中有赵蕃《大愚叟吕寺丞祠堂记》,证明其初建于南宋嘉定十三年(1220),时间在吕祖俭被朝廷平反后十三年。

卷四《山川志》:"大愚山,在朝阳门外,山麓有真如寺,本大愚禅师所居。宋吕祖俭上书忤韩侂胄,安置筠州寓此,因号大愚叟,今墓在焉。"而上面所说的吕公墓,实际上就是指朝阳门外、大愚寺旁的吕公堆,后人的吊唁诗都题为"吊吕公堆"而未见称"吊吕公墓","堆"和墓混为了一谈。

出于对吕祖俭犯言直谏、宁直不屈风范的崇敬,后人把上面这些统统视为吕祖俭的遗迹加以膜拜,还为此留下了数量不小的诗文,这属于正常。但事实上,除了吕公亭和吕寺丞祠来历清晰,关于吕公堆和吕公墓,参与重修同治《高安县志》的编撰者们,明确认为不靠谱。该志卷十八《人物志·流寓》载:

> 吕祖俭,夷简五世孙也。庆元间以太府丞书诉赵汝愚之忠,并论朱熹、彭龟年、李祥等不当罢斥,忤韩侂胄,安置韶州,未几遇赦,移高安,寓居大愚寺,因号大愚。尝卖药以自给,出必草履为踰岭之备。至今寺旁有吕公堆,或云俭卒葬此。非也。按《宋史》,祖俭殁所,诏令归葬,吕公堆非其墓可知也。

这段按语澄清了两点:其一,人们误认为吕公堆为安葬吕祖俭之处,所谓的吕公墓就是指吕公堆;其二,因为吕祖俭死后,朝廷诏令归葬金华故里,所以大愚寺旁的吕公堆,明白无误不是吕祖俭之墓地。设身处地地考虑,在韩侂胄还在当政、吕祖俭还是贬居罪臣的身份时,朝廷下令将其尸柩归葬,高安当地怎么敢为吕祖俭留下一个墓冢来呢?因此,这段按语有相当的说服力。大愚寺旁的吕公堆要么是吕祖俭被平反后,后人在吕祖俭曾经的临时安厝处堆砌土石以示纪念,要么根本就与吕祖俭无关,而另有来历。假定系堆砌土石以示纪念,前面已经说过,那必定在韩侂胄去世、吕祖俭平反以后,八十二岁的陆游再来高安记游没有可能性。假定吕公堆另有来历,那么陆游的《游大愚寺》中的"一吕",并非指吕祖俭,如此可在时空上避免穿越,陆游的诗歌可以成立。但这也不解决根本问题:陆游诗歌中所说的可以和"二苏"并称的"一吕",真确指向又是哪位呢?现有资料显然无法做出注脚。还有,是不是陆游在高龄晚年,真的再度来过高安并参访大愚寺?因为某种原因,是不是有人写诗冒用了陆游的署名?这里我们一并提出疑问,供专家学者研究解决。

吕祖俭

吕祖俭（1141—1198），字子约，婺州（今浙江金华）人。南宋孝宗、光宗年间历任衢州法曹、籍田令、司农簿、台州通判，办浙东赈务。宁宗即位，于庆元元年（1195）任太府丞。因反对权臣韩侂胄贬黜忠良老臣，被发配岭南，途中遇赦改为贬居筠州高安，居大愚寺，两年后辞世。开禧三年（1207），宁宗诰旨为吕祖俭平反。理宗嘉熙二年（1238），追赠朝奉郎、直秘阁，谥"忠"。故后世亦尊称其为"忠公"。

一、"成公下世，忠公继之"

吕祖俭之兄，即南宋金华学派创始人吕祖谦（1137—1181），字伯恭，世称"东莱先生"，南宋著名理学家。孝宗隆兴元年（1163）登进士第，复中博学宏词科，调南外宗学教授。累官直秘阁、主管亳州明道宫。淳熙八年（1181）卒，年四十五。理宗时追谥"成"，后世尊称为"成公"。嘉熙二年（1238）改谥"忠亮"，后追封开封伯。景定二年（1261），配享孔庙。

浙东学派为中国传统学术重要派别，起源于宋代，发达于明、清，而在清代盛极一时，其中南宋时的永嘉学派和金华学派堪称先驱。金华学派也称"婺学"，代表人物即吕祖谦。他博学多识，著有《东莱集》《历代制度详说》《东莱博议》等，参与重修《徽宗实录》，编纂刊行《皇朝文鉴》，创立丽泽书堂，讲学会友，探讨学术，交流思想。所创"婺学"，在理学发展史上占有重要地位，与朱熹、张栻齐名，并称"东南三贤"。"婺学"

主张明理躬行，重治经史以致用，反对空谈阴阳性命之说。其一大特色是宽容并包，博采众说，熔于一炉而自成一体。清代学者全祖望在《宋元学案》中概括说："宋乾、淳以后，学派分而为三：朱学也，吕学也，陆学也。三家同时，皆不甚合。朱学以格物致知，陆学以明心，吕学则兼取其长，而复以中原文献之统润色之。门庭径路虽别，要其归宿于圣人则一也。"（《宋元学案》卷五十一《东莱学案》）正是基于这一学派特点，吕祖谦促成了"鹅湖之会"。当时，以朱熹为首的"理学"，和以陆九渊为首的"心学"之间，理论分歧很大。为了调和他们的哲学观点，淳熙二年（1175）六月，吕祖谦出面邀请陆九龄、陆九渊兄弟，到信州（今江西省上饶市铅山镇）鹅湖与朱熹见面。三天时间内，双方就各自的哲学观点展开了激烈的辩论，这就是中国思想史上著名的哲学辩论会——"鹅湖之会"。

吕祖俭和其弟吕祖泰，早年如同一般弟子一样，受业于其兄吕祖谦，在丽泽书堂研学。丽泽书堂创设于南宋乾道初年，吕祖谦以"讲求经旨，明理躬行"为宗旨，确定"孝悌、忠信、明理、躬行"的基本准则，制定了严厉的学规。书院不断邀请朱熹、张栻、陆九渊兄弟、叶适、陈亮等知名学者前来讲学，教学方法多样，行切磋研讨之风，一时四方学子云集。乾道五年（1169），吕祖谦任职严州（今浙江建德），丽泽书堂先后由朱熹门人潘叔度、潘叔昌等人担任，吕祖俭和吕祖泰参与执教，并负责学堂的管理。吕祖谦弟子众多，著名的有八九十人，吕祖俭身为胞弟，与兄同辈，但因学业有成，列嫡传弟子之首。

淳熙八年（1181）八月，吕祖谦谢世。是时，朝廷任吕祖俭为监明州（今宁波）仓，吕祖俭坚持为兄服丧，不予赴任。丽泽书堂的一应事务全部由吕祖俭主持操办，继续接收各方弟子，传播婺学。他做的一项重要工作，是整理出版吕祖谦生前的著述。他和长子吕乔年，多年不懈收集和精心校勘，先后刊印了《吕东莱文集》四十卷、《丽泽论说集》十卷等，其刻版《吕氏家塾读诗记》，由朱熹作序，尚书尤袤作《后跋》。这些著作的刊印，为光大浙东学派作出了贡献，为后世研究婺学和浙东学派的发展史，留下了宝贵的资料。

在服丧满一年后，吕祖俭到任明州。当时明州一地学术昌盛，有四位著名学者共创"四明学派"。这四位学者合称为"淳熙四先生",他们分别是杨简(1141—1226),字敬仲,慈溪人。他拜陆九渊为师,在退出官场后筑室慈湖,世称"慈湖先生"。沈焕(1139—1191),字叔晦,定海人,师事陆九渊之兄陆九龄。南宋乾道五年(1169)进士,晚年迁居鄞县城内月湖竹洲,卒谥"端宪"。袁燮(1144—1224),字和叔,鄞县人,淳熙年间进士及第。因博学,学者称其为"絜斋先生"。舒璘(1136—1199),字元质,一字元宾,学者称"广平先生",奉化人。南宋乾道八年(1172)中进士,丞相留正曾称其为当今第一教官,卒谥"文靖"。他的学术也追随陆九渊,但同时采朱熹、吕祖谦之说。舒璘常年在外教学为官,其余三人都在明州一地开堂讲学。

吕祖俭所任为粮仓管理,因此政务不是太繁忙。他秉承家学,在政务之余继续从事学术的交流和传播,在各家学舍间讲学切磋,其中与沈焕兄弟的来往最为密切。吕祖谦在世时,沈焕曾登门拜访吕祖谦,两人极辩古今,凡世变推移,治道体统,圣君贤相,经纶事业,探究孜孜不倦。有了这段交往基础,吕祖俭的到来,为共同深入探讨学术提供了极佳的机会。清代著名学者全祖望在《竹洲三先生书院记》记载:沈焕和其弟沈炳分别师承于陆九渊和陆九龄,并居于鄞州月湖之南的竹洲,吕祖俭频繁和两人交流。当时吕祖俭官府治所在城东,来往不太方便。他的朋友王季和为船官,吕祖俭自己出钱让王季和造了一条船,一有空就划船直接来到湖上。沈焕在水阁望见来船,马上招呼其弟说:大愚来矣!两人就出来站在岸上迎接。"或竟入讲堂,讨论终日,或同泛湖上。"(《鲒埼亭外编》卷十六《竹洲三先生书院记》)吕祖俭还为这段经历作诗为记:"湖光拍天浮竹洲,隐然一面城之幽。中有高士披素裘,我欲从之恐淹留。探囊百金办扁舟,又烦我友着意修。微风一动生波头,飞棹来往倦则休。"因为沈焕与吕祖谦兄弟一前一后有这么深厚的学术渊源,所以全祖望认为《宋史》把沈焕列为陆九渊门人并不妥当,"故沈氏之学,实兼得明招一派,而世罕知之者"。(同上)

吕祖俭在明州常年不懈的努力,赢得了当地学界的广泛尊重,黄宗羲在《宋元学案》中载:吕祖俭以明招山父兄中原文献之传,在明州各家学舍间穿梭讲学，孜孜不倦，无一日懈怠。当时文靖公舒璘常年在外宦游，"甬上学者遂以先生代文靖，亦称为四先生"。（《宋元学案》卷五十一《东莱家学·忠公吕大愚先生祖俭》）而全祖望则认为以吕祖俭对明州的乡情，和如此长时间的学术传播，功业完全可以和淳熙四先生并列："今甬上先师杨、袁、舒、沈其人可谓盛矣。而愚谓当以忠公合之，以其同讲学于鄞久，并立于先师之座，无歉也。"（《宋元学案》卷五十一《吕忠公祠堂碑文》）吕祖俭是婺学的重要代表人物之一，他的学术主张，主要传承吕祖谦一脉。虽然因为著述多不传，只零星散见于各书籍，其学术思想全貌已难以窥探。但从黄宗羲和全祖望的总结评价可以看到，在吕祖谦辞世以后，吕祖俭确实扛起了婺学的大旗，继续整理研究传播，为婺学的延续作出了重要贡献。全祖望在《宋元学案》中说："明招学者自成公下世，忠公继之，由是递传不替，其与岳麓之泽并称……明招诸生历元至明未绝，四百年文献之所寄也。"（《宋元学案》卷七十三《丽泽诸儒学案》）这是精当之论。

二、"迁客萧寺得羁寄"

南宋在宁宗当政前后，朝廷出现了巨大裂痕，后来酿成"庆元党案"。裂痕的双方一开始的主要代表人物是赵汝愚和韩侂胄。赵汝愚（1140—1196），字子直，江西余干县人。南宋宗室名臣、学者，孝宗乾道二年（1166）状元及第。绍熙二年（1191），召为吏部尚书。绍熙五年（1194），宋孝宗在太上皇位上驾崩，子光宗寝疾，不能执丧。两宫音讯不通，大臣屡奏不复，左丞相留正称病离去，朝野惊恐失据。赵汝愚勇挑大梁，屡进两宫疏通，又派知阁门事韩侂胄进宫，禀请宪圣太后垂帘，迫使光宗退位，拥皇子嘉王赵扩即皇帝位，是为宁宗。宁宗即位后，赵汝愚坚辞宰相之职，请召还留正继续留任左相位，延请朱熹出任焕章阁侍制兼侍讲，又辞右相而不得，遂与留正同心辅政。

韩侂胄（1152—1207），字节夫，河南安阳人，北宋名臣韩琦之曾孙，其父迎娶宋高宗皇后之妹，他得以恩荫入仕。淳熙末，以汝州防御使知阁门事，因与赵汝愚共拥宋宁宗赵扩即位有功，官至宰相，出入皇宫，渐渐得到宁宗的宠信，争权用事，遍植党羽。待制朱熹、吏部侍郎彭龟年，曾弹劾他窃弄威福，在任不利于朝政，但都被宁宗斥退不予采纳。韩侂胄指使正言李沐弹劾赵汝愚，称赵汝愚以赵氏同姓居相位，必不利于社稷安宁。宁宗采纳其意见，罢免赵汝愚右丞相，将他外放到永州（今湖南零陵）。韩侂胄是个有争议的人物，他掌握军政大权十三年之久，贬谪宗室功臣赵汝愚，斥包括朱熹学派和"婺学"在内的南宋理学为"伪学"，严加禁绝。从宁宗庆元元年（1195）开始延续多年，诏籍伪党，列入籍内五十九人一并坐罪，其中包括朝廷重臣赵汝愚、留正、周必大，当朝大学者朱熹，以及吕祖俭和吕祖泰兄弟俩，史称"庆元党案"。后期的韩侂胄力主北伐，收复国土，得到京镗、辛弃疾、陆游、叶适等人的支持。开禧元年（1205）四月，建言宁宗尊崇岳飞，贬抑秦桧，追封岳飞为鄂王，削去秦桧死后所封申王，改谥"谬丑"，下诏追究秦桧误国之罪。同年五月宁宗下令伐金，史称"开禧北伐"。因宋军准备不足，北伐很快以失败而告终。开禧三年（1207），杨皇后和史弥远设计谋杀韩侂胄。嘉定元年（1208），史弥远按照金人的要求，凿开韩侂胄棺木，割下头颅，送给金朝，南宋与金订立了屈辱的《嘉定和议》。

　　吕祖俭在学风上承继其兄遗风，谦纳各方，但政治上秉承儒家士人风骨，正直敢言。在韩侂胄唆使正言李沐疏罢赵汝愚右丞相之时，吕祖俭即奏言：赵汝愚当然不可能没有过失，但不至于坏到如（李沐）上书中所说。韩侂胄大怒道：吕寺丞你这是想干预我的政事吗？当时祭酒李祥、博士杨简都上书为赵汝愚申辩，李沐干脆一并弹劾。吕祖俭于是上书直呈宁宗，说：陛下刚即位的时候，政治清明，登用忠良。然而没过多久，像朱熹这样的老儒，对朝政有所论列，就很快加以斥退；彭龟年宿学老臣，对朝政有所论列，也马上予以斥退；李祥老成笃实，非有偏比，是深孚众望之人，今又遭到斥逐。"臣恐自是天下有当言之事，必将相视以为戒，钳口结舌之风，一成而未易反，是岂国家之利邪？"（《宋史·吕祖俭传》）

　　上疏不久，圣旨下达，斥吕祖俭朋比党羽，欺君罔上，令放逐岭南韶州（今广东韶关）。中书舍人邓驲出来申辩，认为吕祖俭罪不至贬。宁宗御笔批复："祖俭意在无君，罪当诛。窜逐已为宽恩。"（《宋史·吕祖俭传》)吕祖俭即被驱逐出临安,踏上了去岭南韶关的漫漫长路。

当时岭南尚属于经济极不发达的区域,人们一般都认为那里是"瘴疠之地",发配前往,路途遥远而艰辛,生死难卜。婺学弟子众多,其中金华汪氏弟子情感甚笃,长子汪大度(字时法)决意陪同照顾老师一路前往韶关。家乡远去,前程莫测,"南江一道水分明,寂寂扁舟不记程。回望家山在云际,梦魂犹对短书檠"。(《敬乡录》卷七《韶阳之迁道中呈汪时法》)一路颠簸,吕祖俭念念不忘的不是个人境遇,而是弟子们如何继续传承光大婺学:"汪氏诸郎子独贤,相从过岭过韶川。九龄风味犹存否?莫向南华却问禅。"(同上)

在朝廷内部,婺学弟子和吕祖俭的同僚们,还在作争取皇上赦免的努力。吕祖俭的五世祖吕公著,在北宋时为相,元祐初年议论朝政,曾上奏《论十事》,对后世理政参考价值很大。婺学弟子、大臣楼钥将此文呈宁宗阅读,说:像吕公著这样的社稷大臣,应该宥庇其十世子孙。前日以言事得罪的太府寺丞吕祖俭,就是他的后代。如今贬谪到岭外,万一即死,当今圣朝就背上了残杀谏言者的坏名声,我私下很为陛下感到惋惜啊!宁宗问:吕祖俭所说的是什么事?楼钥等人这才知道:宁宗似乎并不很清楚吕祖俭的事由,外放到岭外,恐怕也并非出自于宁宗的本意。这时韩侂胄已经下令,将严惩敢于再提出赦免吕祖俭的人。又有人委婉地劝告韩侂胄道:"自赵丞相去,天下已切齿,今又投祖俭瘴乡,不幸或死,则怨益重,曷若少徙内地?"(《宋史·吕祖俭传》)韩侂胄这才有所收敛。我们无从考究宋宁宗对吕祖俭的处置,究竟是真的被权臣蒙骗,还是事后迫于压力装聋作哑,最终宁宗还是决定减轻对吕祖俭的处罚。此时,吕祖俭已到达江西吉安,正准备翻越五岭去岭南。宁宗下旨将吕祖俭改送吉州(今江西省吉安),"间途快阁得宽恩,舟转风移日未昏"。(《敬乡录》卷七)不久又恰遇朝廷大赦,吕祖俭于庆元二年(1196)七月转到筠州(今江西高安)安置,入大愚寺为居所。汪大度将老师安顿完毕,这才辞别返回金华。汪大度一路风尘,历尽艰辛,对老师关照细心妥帖,后来被朱熹盛赞:"裂裳裹足远送迁客,为数千里之行,意气伟然,不胜叹服"!(同上《朱子与汪时法》)吕祖俭送汪时法到码头,深情地回顾道:"扁舟

南去意茫然，襆被追随便欲前。亲故道途相与语，但言高义薄云天。"（同上《送汪时法归金华》）

朱熹与吕祖俭相交长年，学术观点常有冲突，政治观点相近却也有争执。吕祖俭被贬，朱熹尚在朝廷，作书给吕祖俭说：我的官位比你高，皇上对我的恩礼也比你深，但我坐视群小的作为，却不能对国家有一言的报效，使得你"独舒愤懑，触群小而蹈祸机，其愧叹深矣。"（《宋史·吕祖俭传》）吕祖俭似乎有些异见，反过来劝朱熹慎言为妙："在朝行闻时事，如在水火中，不可一朝居。使处乡间，理乱不知，又何以多言为哉？"（同上）

宋朝的贬官制度很严厉，北宋苏轼贬黄州团练副使，表面上是个官员，实际上不给薪水，连居住的房子也没有。苏辙被贬高安，也没有房子，好歹有个监盐酒税一职，算有一个糊口的岗位。南宋沿袭旧制，吕祖俭被贬高安也一样，不安排居所。他的处境更惨，作为罪臣，没有任何官职，连个虚衔都不给。大愚寺属佛门清净之地，禅门洞开，并不忌讳一个著名的儒士。加之位处城区东郊，偏僻幽静，不太引人注目，因此成为吕祖俭的暂居之处。

在大愚寺谪居期间，吕祖俭靠采药、卖药为生。但吕祖俭是一个真正信奉孔孟之学，并且富有节操、严守律规的人。孝宗淳熙八年（1181），朝廷委任他监明州仓，即将上任之时，其兄吕祖谦过世了。当时朝廷规定，自任命下达，超过半年不上任者为"违年"，视作过期失效。但按照古代礼制，为兄弟服丧，属于丧礼"五服"第二等"齐衰"中的一种，需要服丧一年。其实当时为兄、为师服丧，也不像为祖上服丧那么严格，可以变通。如果吕祖俭拘泥于古代礼制，为兄服满一年丧期，那肯定"违年"而丢失了官职。但吕祖俭兄弟情深，他宁愿不要官职，也要坚持为兄长兼老师吕祖谦服丧一年。也许被其兄弟真情所动，同时也有礼制可循，朝廷满足了他的要求。而且从吕祖俭开始，南宋朝廷将"违年"期限从半年延长为一年。如此意志纯一的人，当然不可能向冷酷的政治环境做出任何低头之态。

吕祖俭平生以读书为业，日常可谓"行筐一担，图书之半"。在大愚寺的日子里，他甘于青灯古佛，日日读书不倦，继续探究儒家性命之理，同时研究佛学理论和禅宗历史。他最关心的不是自己以后的命运，而是弟子们的学业和婺学的命运。在写给汪时法的诗歌中，他多处反复叮咛。其中一首他借用大愚禅师点化义玄的典故说："吾宗事业无多子，守得箪瓢始见根。"（《敬乡录》卷七）如同当年义玄被大愚开示，一时顿悟，觉得黄檗禅法"无多子"并不深奥一样，吕祖俭告诉弟子，婺学其实并不复杂，只要像《论语》所说孔门高足颜回一样，"一箪食，一瓢饮，在陋巷，人不堪其忧，回也不改其乐"，踏实钻研，必能寻到真谛。他表述自己的读书著述生活理想说："他年有意重过我，细细炉熏理旧编。"（同上）我们从以上诗句可以品味到，吕祖俭对大愚寺在禅宗发展史上的地位很清楚，对禅宗发展史和禅学有深入的理解，而且巧妙地把禅宗与自己以儒学为主体的婺学研究结合了起来。

浙东学派经世致用精神教导出来的吕祖俭，当然不是书呆子。他看透了朝廷争斗的诡谲莫测，知道前途难卜，说不定哪天会再度被权臣流放。所以每次出门，他必定穿好草鞋，随时准备第二次被放岭南，重新翻越五岭。对人生的荣辱起伏，这位饱学儒士从容淡定，说："因世变有所摧折，失其素履者，固不足言矣；因世变而意气有所加者，亦私心也。"（《宋史·吕祖俭传》）北宋著名政治家、军事家、文学家范仲淹，在《岳阳楼记》中抒发了"不以物喜，不以己悲"的士大夫崇高情怀。针对自己的境遇，吕祖俭的这段自我勉励，几乎就是范仲淹名句的翻版。吕祖俭的这个表述不是停留于文字，而是真的具备如此心态。他曾游览高安古迹金沙台，作《金沙台》诗曰："谪居天地寄幽怀，笃有高台自汉开。紫极晨光招我望，锦江春色逐谁来。赓歌惟忆多炎裔，作赋应怜乏贾才。人物若增山水胜，诗仙龙种两奇哉。"（同治《高安县志》卷二十六《艺文志》）他怪自己没有汉代贾谊的才华，可以为国家出谋划策，稍显哀怨，但通篇并无特别沉重的感叹，主色调透露着身处逆境而泰然自若，在山水风光间体会"两奇哉"的情境。

在高安谪居两年后的庆元四年（1198）五月，吕祖俭卒于高安大愚寺居所，终年五十八岁，朝廷下诏归葬故里。汪大度的弟弟汪大章（字时晦，号约叟），此时离当年科场秋试只有四天时间，功课研习极为紧张，功名一搏即在眼前。但汪大章毅然放下手头的应试准备，摒弃功名诱惑，决然往赴高安，从大愚寺护送吕祖俭的灵柩回到金华，安葬于明招山吕氏墓群。汪大章就此行撰有《高安纪行》，其中有长篇《哭大愚吕公诗》：

> 一封朝奏夕南迁，抖擞精神笑出关。
> 只有诗书来眼底，更无侪辈敢通衔。
> ……
> 家庭学问诚难继，我公超道独能诣。
> 日月有光还有翳，行人潸然咸出涕。
> ……
> 迁客萧寺得羁寄，未知曷犯苍天意？
> 嗟哉我公虽下世，万古千秋未尝逝。
>
> （《敬乡录》卷七）

开禧三年（1207），韩侂胄被诛。十二月十二日，宁宗诰旨为吕祖俭平反，称赞他"凛然劲节，千古有光"。

这里有一个问题需要适当辨析。一般认为吕祖俭自号"大愚"，乃是因为蛰居高安大愚寺，受到寺名的启发。但清代大学者全祖望所撰《竹洲三先生书院记》，记载吕祖俭在明州任监仓，与沈焕弟兄在月湖上往来探讨学问时，每次吕祖俭的船一出现于湖上，沈焕就招呼其弟"大愚来矣"，是则吕祖俭之号"大愚"，似在其四十岁以前就已共知，与大愚寺无直接关联。为慎重起见，我们把同治《高安县志》的几个说法载录如下：

"（大愚山）山麓有真如寺，本大愚禅师所居。宋吕祖俭上书忤韩侂胄，安置筠州寓此，因号'大愚叟'。"（同治《高安县志》卷四《山川志》）

"（吕祖俭）安置韶州，未几遇赦，移高安，寓居大愚寺，因号'大愚'。"（同治《高安县志》卷十八《人物志》）

"（大愚寺）一名真如寺，以大愚禅师所居，故称大愚。后吕祖俭寓此，亦称'大愚'。"（同治《高安县志》卷二十七《古迹志》）

以上载录确乎明白无误地认为，吕祖俭"大愚叟"的名号，来自于寓居之所高安大愚寺。

按照《宋史》记载，吕祖俭殁后，朝廷"诏令归葬"（《宋史·吕祖俭传》），由其门人汪大章扶柩而归葬金华明招山吕氏墓地。因此高安事实上不存在吕祖俭的墓地是明确的。但因为吕祖俭敢于直谏,不向权奸低头的言行,体现了中国士大夫的节气,而成为人们敬仰的对象。加上后来朝廷又为他平了反,一变而成了"凛然劲节,千古有光"的楷模,因此挖掘遗迹或者兴建一些纪念性建筑表示追思,也在情理之中。围绕那些标以"吕公"称呼的物事,后人没法辨别其出入,一概视为吕公纪念处,因此留下了数量不少的诗文。其吊唁的宗旨大体一致,其中郡守杨朝公的《吊吕公堆》比较典型:"想见当年事,群情孰敢撄?公能存正气,世已有嘉声。血化锦江碧,魂依梵月清。春风吹不尽,草露泪珠盈。"(同治《高安县志》卷二十六《艺文志》)"大愚叟"吕祖俭在高安的知名度很高,以至于后世的人们淡忘了大愚寺本身,而更多地把大愚寺和吕祖俭联系在了一起。清康熙年间高安籍诗人邹笃生《游大愚寺》的诗句,说的就是这个情况:"真如犹是古滩头,法乳传今遍几州。怪杀寺留迁客后,山名翻被吕公收。"(同上)

三、"今权臣诛,吾死不憾"

这里我们要顺便提到吕祖俭的从弟吕祖泰,他在其兄吕祖俭转居高安大愚寺时,曾徒步专程来高安,在大愚寺陪伴吕祖俭整整一个月,可谓手足情深。在黄宗羲的《宋元学案》中,吕祖泰有传,列于吕祖俭之后,但基本按照《宋史·吕祖泰传》编就。因此我们亦大体按照《宋史》的记载简述如下:

吕祖泰,字泰然,吕祖俭从弟,长年居住在常州宜兴一地。他的性格宽宏豪放,不计较金钱,重友朋情谊,遍游江淮,结交当世名士。酒量过人,豪饮不醉,喜议论时事,言谈激烈,听者不堪,甚至有掩着耳朵离席而去的。

宁宗庆元初年,其兄吕祖俭因为反对权臣韩侂胄排斥赵汝愚等忠良老臣,被贬谪外放,后改移高安。在政治环境恶劣和大愚寺冷僻的居住环境里,吕祖泰前来陪伴一月,为受贬独居的吕祖俭带来了巨大的安慰。

吕祖泰对好友王深厚说：自从我兄被贬，大家都钳口不言。我没有什么官位，但从道义而言，终须以直言报国。这要等一段时间，因为现在出头必然累及我兄。后来吕祖俭卒，重臣周必大在嘉泰元年（1201）被逼退休。吕祖泰忧愤不可遏，自己径直跑到登闻鼓院（宋时上访接待机构，掌受文武官员及士民章奏表疏），上书呈宁宗说：理学自古为国家立国之本，忠臣赵汝愚对国家有大勋劳。如今把理学禁为伪学，将赵汝愚和他的从属全部逐出朝廷，这是要掏空陛下的国家，而陛下还没有醒悟到吧？韩侂胄和主要党徒都是胸无学问、品行低下之人，自我尊大而轻视朝廷，应立即诛杀，同时罢逐其他专权自重之徒。他还毫不隐晦地大声疾呼："独周必大可用，宜以代之，不然，事将不测！"（《宋史·吕祖泰传》）这份上书一公布，朝廷内外一片哗然。宁宗有旨："吕祖泰挟私上书，语言狂妄，拘管连州（今属广东清远市）。"（同上）当时右谏议大夫程松和吕祖泰是密友，很害怕牵连自己，为了撇清关系，单独上奏言：吕祖泰其罪当诛，而且他的上书一定有教唆之人，今天就是不杀他，也要杖击黥面流放远方！于是吕祖泰被另加杖击一百，改发配钦州（今广西钦州）牢城收管。

朝廷很想究查吕祖泰的后台，矛头直指周必大。审讯官员诱供说：这上书是谁和你一起谋划的？你只要说出来，我可以对你宽大处理。吕祖泰料自己必死，决心以自己的身死警醒朝廷，面无惧色地笑着说：你这话也问得太愚蠢了，我写这份书奏，知道自己必死无疑，怎么会向别人讨教，和他人去议论？审讯官说：你这是病风丧心吧？吕祖泰答道：在我看来，像今天攀附韩侂胄而得到官职的，才真正是病风丧心啊！

因为宋朝立国有不杀文臣之制，吕祖泰得以免死。嘉泰三年（1203）十月，朝廷赦宥吕祖泰。但韩侂胄派人一直跟踪其行踪，严加防范。吕祖泰只好隐匿在湖北襄、郢一带。开禧三年（1207），韩侂胄被诛杀，朝廷寻访到吕祖泰，为他申冤昭雪，特补上州文学，改授迪功郎、监南岳庙。其间母亲过世，吕祖泰因家贫，无法安葬母亲，到临安和友朋商量安葬之事，不幸感染伤寒，病势迅速加重。他取了一张纸写道："吾与吾兄共攻权臣，今权臣诛，吾死不憾。独吾生还无以报国，且未能葬吾母，为可憾耳！"（《宋史·吕祖泰传》）乃卒。

附：大愚禅寺历代诗歌选

次韵王适游真如寺

宋·苏辙

江上春雨过,城中春草深。
扰扰市井尘,悠悠溪谷心。
东郊大愚山,自古薈蔚林。
微言久不闻,坠绪谁当寻。
道俗数百人,请闻海潮音。
斋罢车马散,万籁俱消沉。
新亭面南山,积雾开重阴。
萧然偶有得,怀抱方愔愔。
我坐米盐间,日被尘垢侵。
不知山中趣,强作山中吟。

雨后游大愚

宋·苏辙

风光四月尚春余,淫雨初干积潦除。
古寺萧条仍负郭,闲官疏散亦肩舆。
摘茶户外烝黄叶,掘笋林中间绿蔬。
一饱人生真易足,试营茅屋傍僧居。

次韵子瞻端午日与迟、适、远三子出游

宋·苏辙

人生逾四十,朝日已过午。
一违少壮乐,日迫老病苦。
丹心变为灰,白发粲可数。

惟当理锄耰，教子艺稷黍。
谁令触网罗，展转在荆楚。
平生手足亲，但作十日语。
朝游隔提携，夜卧困烝煮。
未歌棠棣诗，已治鸰灵祖。
士生际风云，富贵若骑虎。
奈何贫贱中，所欲空龃龉。

按：此诗与同治《高安县志》所载有出入，下面抄录原文，以供参考。

和韵

宋·苏辙

人生逾四十，朝日已过午。
一违少壮乐，渐进老病苦。
丹心变为灰，白发粲可数。
惟当理锄耰，教子艺稷黍。
胡为触网罗，辗转在荆楚。
平生手足亲，但作十年语。
朝游隔提携，夜卧困蒸煮。
未歌棠棣诗，已治鸰灵祖。
平生际风云，富贵若骑虎。
奈何贫贱中，所欲空龃龉。

偶游大愚，见余杭明雅照师，旧识子瞻，能言西湖旧游。将行，赋诗送之

宋·苏辙

五年卖盐酒，胜事不复知。
城东古道场，萧瑟寒松姿。
出游诚偶尔，相逢亦不期。

西轩吴越僧，弛担未多时。
言住西湖中，岩谷涵清漪。
却背闤闠喧，曲尽水石奇。
昔年苏夫子，杖屦无不之。
三百六十寺，处处题清诗。
麋鹿尽相识，况乃比丘师。
辩净二老人，精明吐琉璃。
笑言每忘去，蒲褐相依随。
门人几杖立，往往闻谈词。
风云一解散，变化何不为。
辩入三昧火，卯塔长松欹。
净老不复出，麈尾清风施。
苏公得罪去，布衣拂霜髭。
空存壁间字，郁屈蟠蛟螭。
知我即兄弟，微官此栖迟。
问何久自苦，五斗宁免饥。
俯首笑不答，且尔聊敖嬉。
我兄次公狂，我复长康痴。
反复自为计，定知山中宜。
但欲毕婚娶，每为故人疑。
君归漫洒尘，野雀非长羁。

端午游真如，迟、适、远从，子由在酒局

宋·苏轼

一与子由别，却数七端午。
身随彩丝系，心与昌歇苦。
今年匹马来，佳节日夜数。
儿童喜我至，典衣具鸡黍。

水饼既怀乡,饭筒仍愍楚。
谓言必一醉,快作西川语。
宁知是官身,糟曲困熏煮。
独携三子出,古刹访禅祖。
高谈付梁罗,诗律到阿虎。
归来一调笑,慰此长龃龉。

按:此诗与同治《高安县志》所载出入较大,下面抄录原文,以供参考。

真如寺

宋·苏轼

一与子由别,却数七端午。
身随彩丝系,心与昌歜苦。
今年匹马来,佳节日夜数。
儿童喜我至,典衣具鸡黍。
水饼既怀乡,饮角仍闽楚。
谓言得一醉,快作西川语。
宁知是官身,糟曲正熏煮。
独携三子出,古刹访禅祖。
高谈付梁罗,诗律到阿虎。
归来一调笑,慰此长龃龉。

与高安刘丞相游大愚,观壁间两苏先生诗

宋·陆游

野性纵壑鱼,官身坠阱虎。
适得建溪春,颇忆松下釜。
微霜初变寒,短景已过午。
佳客能联翩,老宿相劳苦。

怀哉两苏公，去日不可数。
泉肩一埋玉，世事几炊黍。
吾侪生苦晚，伫立久恻楚。
尚想来游时，黄钟赓大吕。

游大愚寺

宋·陆游

真如古寺再锄荒，灯火何年付北邙？
门对南城流水绿，派宗黄檗落花香。
二苏梦后堂名幻，一吕灵前墓碣长。
苍葡荣萎知有主，行人莫便道凄凉。

按：此诗在同治《高安县志》署为陆游作，存有较大疑问，可参看本书陆游和吕祖俭两文。

前题

明·熊茂松

郭外萧院蒼葡材，面轩遗迹月沉沉。
苍藤尚带前朝色，碧水犹传逐客心。
雁阻断魂天际杳，钟声离恨梦中寻。
不堪怀古临孤刹，落日寒风送梵音。

大愚叟吕寺丞祠

明·黄奇叟

蓬庐偶寄大愚山，因谒先生祠宇间。
遗像何曾在香火，英容犹似怒权奸。
忠臣得志古来少，造物忌名全者悭。
山意欲留公借重，可知一谪不知还。

重过筠阳书院

读苏文定同梦堂碑，剥落不可识，邹文庄、罗文恭二记碑俱不存。独院旁元妙观营建甚盛，怅然有作。

明·陈邦瞻

千载沉沉梦几醒，客来乌鹊散闲庭。
映阶草细依依碧，入座苔深泯泯青。
地古凭谁寻断碣，壁空何处问藏经。
隔垣钟鼓连晨暮，总向元坛为乞灵。

前题

明·王应遴

沧桑谁向海田寻，一过筠阳慨便深。
铎韵偶然更梵呗，钟声暂尔唤儒林。
庭花曾入苏家梦，野鸟犹鸣邝老琴。
唯有一园如镜月，夜深常自到天心。

游大愚寺

清·汪毓珍
（清同治《高安县志》注为"邑人"）

东门松里寺，天地此中闲。
杖履偶然至，低徊不欲还。
情因留得苦，心以止为山。
薄暮仍归去，耽空亦是顽。

吊吕公堆

清·杨朝公

想见当年事,群情孰敢撄?
公能存正气,世已有嘉声。
血化锦江碧,魂依梵月清。
春风吹不尽,草露泪珠盈。

大愚晚呗

清·陶履中

当年四喝顿禅关,机在高安急水滩。
宗印独教开士领,门风并许直臣扳。
舍精纪胜还先代,随喜遨观精远山。
最是暮钟声隐隐,和将清梵破尘寰。

吊吕公堆

清·释遍鹏

贯日丹衷气未销,孤光时映野僧瓢。
英风浩荡鸣松籁,遗泽滋滋染荻苗。
赤疏怀来翻贝叶,青筇携出侣渔樵。
精忠梵韵悠然在,节义甘和柏子烧。

东轩

清·翁方纲

记曾十日披云处,七百三年一唊风。
戒老何曾来陕右,慎公亦不住圆通。
论文夜月心相质,听竹春荫句未同。
数本蕉杉还识我,绿烟如画小堂东。

游大愚寺

清·邹笃生

真如犹是古滩头，法乳传今遍几州。
怪杀寺留迁客后，山名翻被吕公收。
竹影松声此地奢，招予会否事流霞。
禅林不必寻薝蔔，触手拈来尽是花。

吊吕公堆

清·邹笃生

放逐由来不自疑，孤臣移此几流离。
滩头纵匪藏公处，借作佳城再拜之。